© De la edición española:

Editorial ELA

www.libreriaargentina.com

TÍTULO ORIGINAL: The Voice Of The Silence

TRADUCCIÓN: Norberto Tucci

DISEÑO DE PORTADA: Equipo ELA

MAQUETACIÓN: Equipo ELA

DEPOSITO LEGAL: M-20071-2024

ISBN 978-84-9950-254-0

Impreso en España

LA VOZ DEL SILENCIO

Fragmentos escogidos del

Libro de los Preceptos de oro

para el uso diario de los Lanus (discípulos)

traducidos y comentados por:

H. P. BLAVATSKY

Editorial ELA

www.libreriaargentina.com

Índice

Prólogo editorial

A esta nueva edición de uno de los grandes clásicos de la literatura teosófica, sobre el despertar y el desarrollo interior del buscador, se han incorporado las explicaciones de la obra póstuma de su autora: *"Glosario teosófico"*[1]. Esta labor, ha sido realizada por primera vez y en exclusiva para esta edición, que además, incluye una nueva traducción revisada.

La *voz del silencio*, conduce a la elección entre el camino de la compasión y el camino del egoísmo y según explica *H. P. Blavatsky*, se trata de una traducción de fragmentos de un libro sagrado que encontró durante sus estudios en Oriente, llamado *"El Libro de los Preceptos de oro"*.

Esta obra, fue escrita en la localidad francesa de *Fontainebleau*, un lugar muy especial, situado cerca de Paris y que siempre fue relevante desde el punto de vista histórico, ya que allí tuvieron lugar varios hechos históricos, como la firma del Tratado entre España y Francia para la cesión del territorio de Luisiana; también allí, *Napoleón Bonaparte*, firmó el Tratado con el español Manuel de Godoy en el que acordaron España y Francia invadir Portugal y fue allí, donde con la guerra ya perdida, firmó *Napoleón Bonaparte*, el pasaporte del mastuerzo. Más tarde, también allí, se firmaría el Tratado de Paz entre Inglaterra y Francia y posteriormente *Luis XIV*, firmó el Edicto de Fontainebleau o Edicto de

1. El "Glosario teosófico" (editorial ELA), reúne y explica los términos sánscritos, simbólicos y mitológicos, de las principales civilizaciones y los conceptos utilizados en la literatura teosófica, lo peculiar de esta nueva edición, es que indica los sitios exactos donde aparecen estos términos en las ediciones españolas de las obras de Teosofía publicadas por editorial ELA, lo cual ayuda al lector a localizarlos de forma inmediata.

Nantes, por el cual se exiliaron los protestantes y otros actos relevantes; además de ser siempre un lugar elegido por la nobleza para su residencia y esparcimiento.

Esta localidad, del todo especial para occidente, desde el punto de vista histórico, lo es también desde el punto de vista artístico, ya que cuenta con uno de los mayores y más elaborados palacios reales franceses y con un bosque de más de 20.000 hectáreas, un antiguo coto real de caza y fue en esta localidad donde se introdujo el *Manierismo* en Francia, para la decoración de interiores y jardines, un estilo que fue conocido en Francia como el estilo *Fontainebleau*. Por lo que queda claro que su autora, no eligió esta localidad al azar, sino por su trascendencia.

Realizada en este lugar tan especial, la obra fue publicada por primera vez en Londres en 1889 y su contenido estaba dividido en tres fragmentos, que corresponden a tres partes: La voz del silencio, las dos maneras y las siete puertas. La propia autora, enfatiza en el prefacio, que no se trata de una obra propia, sino de traducciones de partes del *"Libro de los Preceptos de oro"*, que durante su estancia en el Tíbet, aprendió de memoria y que luego transcribió. La obra fue escrita, siguiendo la tradición de las filosofías orientales, concretamente del *hinduismo* y del *budismo*, siendo en su presentación similar a *los Vedas*, a *los Upanishads* y al *Bhagavad Gita*. Motivo por el cual, para comprender bien la obra, hay que tener un conocimiento previo sobre varios conceptos orientales que aparcen en ella, como: *karma, reencarnación, chakra, kundalini*, etc., y es difícil de entenderla sin este conocimiento.

La primera edición en inglés, presentaba el texto interrumpido por una multitud de términos técnicos en *sánscrito* y *tibetano*, lo cual lo hacía mucho más difícil de leer y por este motivo, en ediciones posteriores, estas explicaciones y las expresiones originales se han ido presentando como notas a pie de página. Para la presente edición en español, hemos optado por dejar algunas de estas explicaciones hechas por la autora en el propio texto, las más breves y simples, que están indicadas entre corchetes; por incluir las explicaciones más complejas como notas a pie de página y finalmente, por explicar los términos generales en un glosario colocado al final de la obra. Además, el lector español, cuenta con la inestimable ayuda de la edición en castellano de su obra póstuma "*El Glosario Teosófico*" (editorial ELA) para profundizar en el significado de todos los términos que aquí aparecen y que fue concebido, tras el éxito de sus obras: "Isis sin velo" (4 tomos), "La doctrina secreta" (6 tomos) y "La clave de la Teosofía" (publicados todos en editorial ELA). Debido a la complejidad de los temas tratados en sus obras, H. P. Blavatsky se decidió a realizar este glosario, para que ayudara a la interpretación y el estudio de las mismas, lo cual fue muy bien acogido por sus lectores y por los miembros de la *Sociedad Teosófica*.

En la primera parte de la obra: *La Voz del Silencio*, se describe el "camino" que debe recorrer un discípulo. Las estaciones de este camino corresponden al trabajo sobre uno mismo eliminando los defectos y los vicios y superando a *Maya*. Después de superarse a sí mismo, ya no hay camino para el discípulo. Finalmente, se pierde la conciencia de toda individualidad y el discípulo alcanza el *Samadhi*, siendo uno con el *Todo*.

En la segunda parte: *Los dos caminos*, cuando se logra la unidad, hay dos opciones disponibles. La primera opción es superar para siempre la rueda del renacimiento y la segunda opción, es regresar por voluntad propia para ayudar a otros en su viaje. El segundo camino, es indescriptiblemente más difícil, pero es el más noble.

En la tercera parte: *Las Siete Puertas*, insiste en que antes de poder alcanzar la unidad, es necesario dominar las siete virtudes de la perfección: la voluntad de entregarse constantemente, el equilibrio, la imperturbabilidad, el desapasionamiento, la fuerza, la contemplación y la sabiduría.

El conocido miembro de la Sociedad Budista Oriental, *D. T. Suzuki* ha dicho de esta obra: "*Sin duda, Madame Blavatsky fue iniciada de alguna manera en el lado más profundo de la enseñanza Mahayana y luego impartió lo que ella consideraba sabio al mundo occidental...*". Y en el diario de la Sociedad Budista, *Suzuki* comentó: "*Aquí está el verdadero budismo Mahayana*". Además, el decimocuarto *Dalái Lama,* escribió el prefacio para la edición del centenario de su obra y dijo de ella: "*Creo que su libro (La Voz del Silencio de H. P. B.) ha influido fuertemente en muchos buscadores y aspirantes sinceros a la sabiduría y la compasión del Camino del Bodhisattva*".

B. T. Chang, intérprete y uno de los secretarios del *Tashi Lama,* comentó sobre esta obra: "*Desde su traducción al inglés del tibetano por Madame H. P. Blavatsky, en 1890, este pequeño libro, joya de las enseñanzas budistas, gozó de una amplia circulación entre los europeos y americanos interesados en el budismo. Por lo tanto, no tengo mucha necesidad de recomendarlo a lectores extranjeros, excepto para señalar que lo que contiene comprende una parte de las enseñanzas de la Escuela Esotérica. Lo que más me llama la atención en el capítulo inicial es la frase: "La Mente" -es decir, la Mente Inferior- "es la Gran Matadora de lo Real. Que el Discípulo mate al Matador". Éstas son las palabras que suenan como la nota clave de las enseñanzas del Buda. Una y otra vez, el Buda ordena a sus discípulos que supriman las actividades de la Mente Inferior, en beneficio del Ser Superior, porque cualquier cosa en el Universo exterior, no consiste más que en impresiones senso- riales creadas por la Mente Inferior, que no es apta para guiarnos por lo que el aspirante se extravía. El discípulo no debe buscar la verdad en otra parte, sino que debe tratar de encontrarla dentro de sí mismo. Entonces podrá escuchar la Voz del Silencio o en el idio- ma de los budistas chinos, la "Divina Voz del Ser". Madame Blavatsky, tenía un profundo conocimiento de la filosofía budista y las doctrinas que promulgó fueron las de muchos grandes maestros. Este libro es como una llamada a los hombres a abandonar el deseo, disipar todo mal pensamiento y entrar en el verdadero Camino. En el Fragmento II, el pasaje que compara la Mente con un espejo suena exactamente igual a lo que se afirma en el Chuan Têng Lu, una obra budista china de renombre. Esta alegoría tam- bién puede tener su propio origen en alguna obra sánscrita, a par- tir de la cual llegó a las obras budistas chinas y tibetanas o más probablemente, los tibetanos lo obtuvieron de una fuente china.*

En este mundo materialista, la mayoría de la gente, especialmente los europeos y los americanos, siempre consideran absurdamente al budismo como un sistema filosófico que no defiende nada más que la pasividad y la inactividad. Una lectura atenta de este libro ciertamente disipará esas nociones erróneas incluso de las mentes de los más escépticos".

El *Ocultismo*, como así llamaba la autora al movimiento preconizado por ella (la Teosofía), se deriva del latín *occultus*, que significa "oculto", "secreto" y se refiere al estudio de una realidad psíquica y espiritual más profunda que se extiende más allá del ámbito de los sentidos físicos. *H. P. Blavatsky*, definió el verdadero ocultismo como "altruismo", la Gran Renuncia del yo, que está incrustada en el principio de que la Divinidad, está oculta, trascendente pero inmanente, dentro de cada ser vivo. Según *Blavatsky*, la ciencia oculta proporciona una descripción de la realidad no solo a nivel físico, sino también metafísico. *Blavatsky* dijo que la ciencia oculta ha sido preservada y practicada a lo largo de la historia por individuos cuidadosamente seleccionados y entrenados. El ocultismo que defiende *H. P. Blavatsky* o la *Teosofía*, se basa en varias disciplinas y modelos místicos existentes, incluidos el *neoplatonismo*, el *gnosticismo*, el *esoterismo occidental*, la *masonería*, el *hinduismo* y el *budismo*. Las tres proposiciones fundamentales de la *Teosofía* y que están expuestas en *La Doctrina Secreta*, son: 1. Existe una realidad omnipresente, eterna, ilimitada e inmutable de la cual el espíritu y la materia son aspectos complementarios. 2. Existe una ley universal de periodicidad o evolución a través del cambio cíclico y 3. Todas las almas son idénticas a la superalma universal que es en sí misma un aspecto de la realidad desconocida.

Sobre la autora

Helena Blavatsky o Madame Blavatsky, nació en la ciudad de *Yekaterinoslav (Dnipropetrovsk)*, en el sur de Rusia (actualmente territorio de Ucrania), el 12 de agosto de 1831. Fue una de las primeras occidentales en acercarse a Oriente y estudiar con rigor sus filosofías y religiones. Era hija de *Peter Von Hahn*, coronel de origen alemán y de *Helena de Fadéyev*, de la nobleza rusa y novelista.

Tras la muerte de su madre, se educó bajo los cuidados de sus abuelos en *Saratov*, donde su abuelo era gobernador y desde su infancia se interesó por el *esoterismo*, pudiendo leer algunas de las obras de la biblioteca de su bisabuelo, que era un iniciado *masón*. Siendo niña, ya estaba dotada de ciertos poderes psíquicos o sobrenaturales y fue consultada por la nobleza sobre sus asuntos privados y por la policía respecto a algunos delitos. Como pianista, debido a su talento, tocó de joven en Londres con *Clara Shumann* y *Arabelle Goddard*.

Después de casarse muy joven, huyó de su casa, abandonando a su marido y tras refugiarse en casa de su abuelo, se dedicó a viajar. Recorrió primero Egipto, Turquía y Grecia y a los 20 años, en Londres, conoció a su maestro *Mahatma M.*, que la animaría a viajar a Oriente. Primero viajó por los Estados Unidos, México, Sudamérica y la India y finalmente viajó al Tíbet a través de Cachemira y Ladakh. A su vuelta vivió en Francia y Alemania y luego volvió a Rusia. Viajó de nuevo a India, vía Tíbet, a Chipre y a Grecia, donde se salvó de un naufragio y terminó residiendo en Egipto, donde fundó la *Sociedad Espírita*.

Después de varios viajes a través de Oriente Medio, volvió por un corto período a *Odesa* y en 1874 conoció al coronel *Henry Olcott* y a *William Quan Judge*, en Nueva York, fundando junto a ellos la *Sociedad Teosófica*, el 7 de septiembre de 1875 y adquiriendo la nacionalidad norteamericana. En mayo de 1882 *Blavatsky y Olcott*, establecieron oficialmente en *Adyar* (India), la *Sede Internacional de la Sociedad Teosófica*. Falleció en Londres en 1891, siendo una de las primeras personas (de nuestra era moderna), que viajó a Oriente en busca de conocimiento. Al igual que la gran mayoría de los maestros espirituales de la actualidad o del pasado que han acudido a Oriente o bien son orientales, se sintió atraída desde muy joven por el espíritu oriental.

Para más datos sobre su vida, se puede consultar la amplia

obra de *Mario Roso de Luna*: "Biografía de H. P. Blavatsky" (editorial ELA).

Obras de la autora

Las obras cumbre de H. P. Blavatsky, (publicadas en castellano por editorial ELA), son:

"Isis sin velo" (4 tomos): Para la Teosofía todas las religiones surgen de un tronco común, que ha quedado oculto bajo el velo de las doctrinas que se han ido elaborando por las distintas iglesias, llegando muchas veces a contradecir la enseñanza original. De ahí que propone liberar de ese velo a las religiones y lo plasma en su obra en 4 tomos: Isis sin velo o la clave de los misterios de la ciencia y la teología antigua y moderna. Como dice la autora: *"La obra que sometemos al juicio público, es fruto de nuestro trato con los Adeptos orientales y el estudio de su ciencia. Para quienes estén dispuestos a aceptar la Verdad, doquiera que la encuentren y a defenderla sin temor. Su objeto es ayudar al estudiante a descubrir los principios vitales que subyacen en los antiguos sistemas filosóficos. No creemos en ninguna magia ni "milagro" (cuando vulnere las leyes naturales), que trascienda la capacidad de la mente humana. En este espíritu de crítica están considerados los cultos, credos religiosos y las hipótesis científicas, puesto que hombres, partidos, sectas y escuelas, son efímeros de un día. Tan solo la VERDAD, asentada es eterna y suprema y combinando la ciencia con la religión, puede demostrarse la existencia de Dios y la inmortalidad del espíritu humano. El espíritu del hombre es prueba del Espíritu de Dios, como una gota de agua es prueba de la fuente de donde procede"*. Un alegato en pro de que la filosofía hermética y la Religión universal de la Sabiduría, son la única clave en la ciencia y la teología.

"La doctrina secreta" (6 tomos): El estudio comparativo de la Ciencia, la Filosofía y las religiones, son la forma de acercarse a esta realidad permanente que subyace por detrás del mundo sensible, sujeto al constante devenir y el cuerpo fundamental de esta

Teosofía, se encuentra en su obra *La Doctrina Secreta*. Seis tomos en su edición en castellano, en los que trata de explicar la evolución cósmica, planetaria y humana, fundiendo en un todo armonioso la religión, la ciencia y la filosofía. Esta obra divulga el cimiento y la herencia comunes de todos los esquemas religiosos y filosóficos ya sean grandes o pequeños. Pasados más de 125 años de su primera edición, sigue siendo hoy el más completo libro de referencia de la tradición esotérica. Desafiante, profético y sorprendentemente moderno, se dirige a responder a las preguntas perennes: la vida después de la muerte, el propósito de la vida, el bien y el mal, la conciencia y la sustancia, la sexualidad, el karma y la evolución y la transformación humana y planetaria.

La *Doctrina Secreta* es el libro más importante de Blavatsky y es una síntesis del pensamiento científico, filosófico y religioso. Esta basada en un pergamino antiguo "el Libro de Dzyan", al que habría tenido acceso y estudiado, siendo éste una especie de tratado de budismo esotérico. También utiliza como referencia los textos sagrados hindúes (Vedas, Brahmana, Upanishads y Puranas); los arios (Vendidad), la Cábala caldea y la judía y la antigua mitología. Incluye un conocimiento secreto y esotérico de los misterios de la religión y estudia las civilizaciones antiguas, como la India, el Tíbet y China. "*El objetivo de este trabajo puede decirse que es para mostrar que la naturaleza no es una concurrencia fortuita de átomos y asignar al hombre el lugar que le corresponde en el esquema del universo, para rescatar de la degradación las verdades arcaicas, que constituyen la base de todas las religiones*".

Para Blavatsky, hay una religión original auténtica, que es la raíz de todas las religiones y de todos los mitos de la humanidad y todas las religiones incluyen reflejos de esta auténtica religión original de la humanidad. *La Doctrina Secreta*, divulga todo lo que puede ser enseñado durante este siglo, en un intento de poner al descubierto en parte, el cimiento y la herencia comunes de todos los esquemas religiosos y filosóficos ya sean grandes o pequeños. Es el libro más completo de referencia de la tradición esotérica. La edición en castellano, consta de 6 tomos:

1. Cosmogénesis
2. Simbolismo arcaico universal
3. Antropogénesis
4. El simbolismo arcaico de las religiones, del mundo y de la ciencia
5. Ciencia, religión y filosofía
6. Objeto de los misterios y práctica de la filosofía oculta.

"La clave de la Teosofía" (editorial ELA): en forma de preguntas y respuestas, nos presenta de una forma accesible, el tronco básico de su filosofía: la Teosofía. Una obra ideal para acercarse al conocimiento de esta mujer que cambió la forma de pensar del mundo.

"Orígenes del ritual en la Iglesia y en la Masonería" (editorial ELA): El Fuego Solar es adorado como símbolo del Poder Divino creador del Amor y de la Vida y la unión del Sol (elemento masculino) con la tierra y el agua (materia, elemento femenino), se ha conmemorado en todos los templos. Es un hecho histórico que el ritual de la Iglesia y la Francmasonería surgieron de la misma fuente y se desarrollaron paralelamente.

"Por las rutas y selvas del Indostán" (editorial ELA): Un viaje iniciático a la India, de una persona iniciada, que no viajaba por turismo, sino por un afán de conocimiento de las últimas verdades de la vida y las religiones. Nos presenta una India autóctona, tal y como era a principios del siglo XIX, antes de haberse adulterado por el contacto con nuestra moderna civilización.

"Glosario Teosófico" (editorial ELA): Reúne y explica los términos sánscritos, simbólicos y mitológicos, de las principales civilizaciones y los conceptos utilizados en la literatura teosófica. La principal aportación de esta nueva edición, es que indica los sitios exactos donde aparecen estos términos en las ediciones españolas de las obras de Teosofía publicadas por editorial ELA y esto ayuda al lector a localizarlos de forma inmediata. Esta labor, ha sido realizada por primera vez y en exclusiva para esta edición en castellano, ya que en las ediciones anteriores las referencias eran a páginas de las ediciones inglesas que no coincidían en español.

La Teosofía, estudia las principales religiones y creencias religiosas, tratando de levantar el velo que ha ido creciendo con el tiempo y que las separa de la verdad y su finalidad. Sus objetivos quedan claramente definidos en sus estatutos, que se resumen en su lema principal: "No hay religión más elevada que la verdad".

Desde aquí, animamos a todos, a buscar la Verdad con la ayuda de estas obras y a no dejarse llevar por los engaños de Maya.

LA VOZ DEL SILENCIO

Prefacio

Las siguientes páginas se derivan del "*Libro de los Preceptos de oro*", una de las obras puestas en manos de los estudiantes místicos de Oriente. Su conocimiento es obligatorio en esa escuela, cuyas enseñanzas son aceptadas por muchos teósofos. Por lo tanto, como conozco muchos de estos Preceptos de memoria, el trabajo de traducirlos ha sido una tarea relativamente fácil para mí.

Es bien sabido que, en India, los métodos de desarrollo psíquico, difieren según los *gurús* (preceptores o maestros), no sólo por su pertenencia a diferentes escuelas de filosofía, de las cuales hay seis, sino porque cada *Gurú* tiene su propio sistema, que generalmente mantiene en secreto. Pero más allá del Himalaya, el método en las Escuelas Esotéricas, no difiere, a menos que el *Gurú* sea simplemente un Lama, alguien poco más erudito que aquellos a quienes enseña.

La obra que traduzco aquí, forma parte de la misma serie de la que se tomaron las "Estrofas" del *Libro de Dzyan*, en el que se basa *la Doctrina Secreta*. Junto con la gran obra mística llamada *Paramârtha*, que, según nos cuenta la leyenda de *Nâgârjuna*, fue entregada al gran *Arhat* por las *Nâgas* o "Serpientes" (en verdad, nombre dado a los antiguos Iniciados), el "*Libro de los Preceptos Dorados*", afirma el mismo origen. Sin embargo, sus máximas e ideas, por nobles y originales que sean, se encuentran a menudo bajo diferentes formas en obras sánscritas, como el *Jñânesvari*, ese soberbio tratado místico en el que *Krishna* describe a *Arjuna* con colores brillantes, la condición de un yogui plenamente iluminado y nuevamente en ciertos *Upanishads*. Esto es natural, ya que la mayoría, si no todos, de los más grandes *Arhats*, los primeros seguidores de *Gautama Buda*, eran hindúes y arios, no mongoles; especialmente aquellos que emigraron al Tíbet. Las obras dejadas únicamente por *Âryâsanga* son muy numerosas.

Los Preceptos originales están grabados en delgados cuadrados oblongos; muy a menudo copiadas en discos. Estos discos o placas, se conservan generalmente en los altares de los templos anexos a los centros donde se establecen las escuelas llamadas "contemplativas" o *Mahâyâna* (*Yogâchâra*). Están escritos de diversas formas, a veces en tibetano pero sobre todo en ideogramas.

La lengua sacerdotal (*Senzar*), además de un alfabeto propio, puede traducirse en varios modos de escritura en caracteres cifrados, que participan más de la naturaleza de ideogramas que de sílabas. Otro método (*lug*, en tibetano) consiste en utilizar los números y colores, cada uno de los cuales corresponde a una letra del alfabeto tibetano (treinta letras simples y setenta y cuatro compuestas) formando así un alfabeto criptográfico completo.

Cuando se utilizan los ideogramas, hay un modo definido de leer el texto; como en este caso los símbolos y signos utilizados en la astrología, es decir, los doce animales zodiacales y los siete colores primarios, cada uno de ellos con un triplete de matices, es decir, el claro, el primario y el oscuro, representan las treinta y tres letras del simple alfabeto, para las palabras y oraciones. Pues en este método, los doce "animales" repetidos cinco veces y acoplados a los cinco elementos y los siete colores, proporcionan un alfabeto completo compuesto de sesenta letras sagradas y doce signos. Un cartel colocado al principio del texto, determina si el lector debe escribirlo según el modo indio, cuando cada palabra es simplemente una adaptación del *sánscrito* o según el principio chino de lectura de los ideogramas.

La forma más fácil, sin embargo, es aquella que no permite al lector utilizar ningún lenguaje especial o cualquier lenguaje que le guste, ya que los signos y símbolos eran, al igual que los números o cifras arábigos, propiedad común e internacional, entre los místicos iniciados y sus seguidores. La misma peculiaridad es característica de uno de los modos de escritura chinos, que puede ser leído con igual facilidad por cualquiera que esté familiarizado con el carácter, por ejemplo, un japonés puede leerlo en su propio idioma tan fácilmente como un chino en el suyo.

El *Libro de los Preceptos de oro* (algunos de los cuales son prebudistas, mientras que otros pertenecen a una fecha posterior) contiene alrededor de noventa pequeños tratados distintos. De ellos, treinta y nueve los aprendí de memoria hace años. Para traducir el resto, tendría que recurrir a notas esparcidas entre un número demasiado grande de documentos y memorandos, recopilados durante los últimos veinte años y nunca ordenados, para que me fuera una tarea fácil. Tampoco podrían ser traducidos y entregados a un mundo demasiado egoísta y demasiado apegado a los objetos de los sentidos, que no está de alguna manera preparado para recibir una ética tan exaltada, con el espíritu correcto. Porque, a menos que un hombre persevere seriamente en la búsqueda del autoconocimiento, nunca prestará oído a consejos de esta naturaleza. Y sin embargo, esa ética ocupa volúmenes tras volúmenes de la literatura oriental, especialmente de los *Upanishads*.

"Mata todo deseo de vivir", le dice Krishna a Arjuna. *Ese deseo persiste sólo en el cuerpo, el vehículo del Yo encarnado, no en el YO que es "eterno, indestructible, que no mata ni muere"* (Katha Upanishad).

"Mata las sensaciones", enseña el *Sutta Nipâta*; *"Se parecen en placer y dolor, ganancia y pérdida, victoria y derrota"*. De nuevo, *"busca refugio sólo en lo eterno" (ibid)*. *"Destruye el sentido de separación"*, repite *Krishna* bajo todas las formas.

"La Mente (Manas) que sigue los sentidos divagantes, hace que el Alma (Budhi) esté tan indefensa como la barca que el viento extravía sobre las aguas" (Bhagavadgîtâ II. 70).

Por lo tanto, se ha pensado, que es mejor hacer una selección juiciosa, sólo de aquellos tratados que mejor se adapten a los pocos místicos reales de la *Sociedad Teosófica* y que con seguridad satisfarán sus necesidades. Sólo ellos apreciarán estas palabras de *Krishna-Christos*, el "Yo Superior":

> *"Los sabios no se afligen por los vivos ni por los muertos. Nunca existí yo, ni tú, ni estos gobernantes de los hombres; ni ninguno de nosotros dejará de existir en el futuro".*
>
> (Bhagavad Gîtâ II. 27).

En esta traducción, he hecho todo lo posible para preservar la belleza poética del lenguaje y las imágenes que caracterizan al original. El lector debe juzgar hasta qué punto este esfuerzo ha tenido éxito.

H. P. B.

FRAGMENTO I

La voz del silencio

Estas instrucciones son para aquellos que ignoran los peligros del *Iddhi* inferior[1].

1. La palabra pali Iddhi, es sinónimo de los siddhis sánscritos, o facultades psíquicas, los poderes anormales del hombre. Hay dos tipos de Siddhis. Un grupo que abarca las energías inferiores, burdas, psíquicas y mentales y el otro es aquel que exige el más alto entrenamiento de poderes espirituales. Dice Krishna en el Zrîmad Bhâgavatam: "Aquél que se dedica a la práctica del yoga, que ha dominado sus sentidos y que ha concentrado su mente en mí (Krishna), todos los siddhis están dispuestos a servir a esos yoguis". *Dice el Glosario teosófico:* Siddhis (Sánsc.). Literalmente: "atributos de perfección". Poderes fenomenales que, gracias a su santidad, adquieren los yoguîs. [Siddhis: facultades psíquicas, poderes anormales o extraordinarios del hombre. La palabra sánscrita siddis es sinónima de la voz pali iddhi. En su comentario a los Aforismos de Patañjali M. Dvivedi enumera ocho siddhis o más elevados poderes ocultos, que son: animâ (el poder de asimilarse uno mismo con un átomo), mahimâ (el de dilatarse en el espacio), laghimâ (el de volverse tan ligero como un copo de algodón), garimâ (el de volverse tan pesado como el cuerpo más grave), prâpti (el de llegar a cualquier parte, hasta la luna), prâkâmya (el de ver realizados todos los deseos), ichatva (la facultad de crear) y vazitva (el poder de dominarlo todo). "Estos poderes extraordinarios -añade el mencionado comentarista- no se adquieren en una sola vida y pueden ser resultado de los efectos acumulados durante varias existencias". Esto explica lo expuesto en el Aforismo 1° del libro IV: "Los poderes anormales se obtienen por nacimiento, por la virtud de ciertas hierbas, de encantos, de austeridades, o por el Samâdhi". Siddhi significa también: perfección, éxito feliz, bienestar, prosperidad, ventura; logro o realización de un objeto deseado; efecto, consecuencia, resultado; conclusión, consumación, cumplimiento, ejecución; fin; fruto, producto, recompensa; facultad psíquica; poder extraordinario, divino o suprafísico obtenido por el desarrollo espiritual o por la práctica del Yoga. Véase en el Glosario teosófico: Poderes sobrenaturales]. (Para más datos consultar "Glosario teosófico", página 573, edición editorial ELA).

Aquél que quiera escuchar la voz de *Nâda*², "el Sonido Insonoro" y comprenderla, tiene que aprender la naturaleza de *Dhâranâ*³.

Habiéndose vuelto indiferente a los objetos de percepción, el alumno debe buscar al *râja* de los sentidos, el Productor del Pensamiento, aquél que despierta la ilusión.

La Mente es la gran Cazadora de lo Real.

Deja que el Discípulo mate al Asesino.

Porque: Cuando a él mismo su forma le parece irreal, como le parecen al despertar todas las formas que ve en los sueños; cuando haya dejado de escuchar a los muchos, podrá discernir el UNO, el sonido interior que mata al exterior. Sólo entonces, no hasta entonces, abandonará la región de *Asat*⁴, lo falso, para venir al reino

2. La "Voz Sin Sonido" o la "Voz del Silencio". Literalmente quizás esto se lea "Voz en el Sonido Espiritual", ya que Nâda es la palabra equivalente en sánscrito al término Sen-sar. Dice el Glosario teosófico: Senzar, es el nombre místico del lenguaje secreto sacerdotal, o sea del "lenguaje del Misterio" de los Adeptos iniciados en todo el mundo. [La lengua sacerdotal (senzar), además de tener su alfabeto propio, puede ser expresada por medio de varios sistemas de escritura cifrada, cuyos caracteres participan más de la naturaleza del ideograma que de las sílabas. (Para más datos consultar "Glosario teosófico", página 566, edición editorial ELA).

3. Dhâranâ, es la intensa y perfecta concentración de la mente en algún objeto interior, acompañada de una completa abstracción de todo lo perteneciente al Universo externo, o mundo de los sentidos. *Dice el Glosario teosófico:* Dhârâna (Sánsc.). Aquel estado, en la práctica del Yoga, en el cual el pensamiento debe estar firmemente fijo en algún objeto de meditación. Dhâranâ, contemplación, concentración o atención sostenida, es la fijación de la mente en algún objeto externo o interno; es la absorción en el objeto pensado. (Manilal Dvivedi, Comentario sobre los Aforismos del Yoga, de Patañjali)]. (Véase: Dhyâna y Samâdhi, en el Glosario teosófico). (Para más datos consultar "Glosario teosófico", página 135, edición editorial ELA).

4. Asat. *Dice el Glosario teosófico:* Asat [a-sat] (Sánsc.). Término filosófico que significa "no-ser", o más bien, no-seidad. "La nada incomprensible". Sat, lo inmutable, eterno, siempre presente y lo real "Seidad" (y no "Ser", como quieren algunos), es explicado como siendo "nacido de Asat y Asat engendrado por Sat". Lo irreal, o Prakriti, la Naturaleza objetiva considerada como una ilusión. La Naturaleza, o la sombra ilusoria de su única verdadera esencia. [Asat "no ser", a-sat, no es simplemente la negación de sat; tampoco es "lo que aun no existe", porque sat no es, en sí mismo, ni lo "existente" "ni el ser". (Doctr. Secr., IV, págs. 15, 16 y 216, editorial ELA). Es lo opuesto a sat (ser, realidad). La palabra Asat tiene además otras acepciones: ilusión, falsedad, nulidad, mal, lo falso, etc.]. (Para más datos consultar "Glosario teosófico", página 56 y siguientes, edición editorial ELA).

de *Sat*[5], lo verdadero. Antes de que el alma pueda ver, debe alcanzarse la Armonía interior y los ojos carnales, deben quedar ciegos a toda ilusión.

Antes de que el Alma pueda oír, la imagen (el hombre) tiene que volverse tan sorda a los rugidos como a los susurros, a los gritos de los elefantes bramando, como al zumbido plateado de la luciérnaga dorada.

Antes de que el alma pueda comprender y recordar, debe estar unida al *Hablador Silencioso*, así como la forma en que se modela la arcilla, se une primero a la mente del alfarero.

Entonces el alma oirá y recordará.

Y luego al oído interno le hablará.

LA VOZ DEL SILENCIO

Dice así:

Si tu alma sonríe mientras se baña en la Luz del Sol de tu Vida; si tu alma canta dentro de su crisálida de carne y materia; si tu alma llora dentro de su castillo de ilusión; si tu alma lucha por romper el hilo de plata que la une al *Maestro*[6]; debes saber, ¡Oh Discípulo!, que tu Alma es de la tierra.

Cuando a la agitación del mundo tu *alma*[7] en ciernes, presta oído; cuando a la voz rugiente de la *gran ilusión*[8] tu Alma respon-

5. Sat. *Dice el Glosario teosófico*: Sat (Sánsc.). La única siempre presente Realidad en el mundo infinito; la Esencia divina que es, pero de la cual no se puede decir que existe, por cuanto es la Absolutidad, la Seidad misma. [En general, sat significa ser, existencia, esencia, realidad, lo real; el mundo real; bien, bondad, pureza, verdad, cualquiera cosa buena o útil; Âtman, lo Absoluto. Como adjetivo: existente, real, presente, viviente; verdadero, bueno, puro, justo, arménico, útil, provechoso, excelente, respetable, etc.]. (Para más datos consultar "Glosario teosófico", página 557 y siguientes, edición editorial ELA).
6. El "gran Maestro" es el término utilizado por los lanus o chelas para indicar el "Yo Superior" de uno. Es el equivalente de Avalokite[vara, y lo mismo que Âdi-Budha para los ocultistas budistas, Âtman el "Yo" (el Yo Superior) para los brahmanes y Christos para los antiguos gnósticos.
7. Alma se utiliza aquí para el Ego Humano o *Manas*, aquello a lo que se hace referencia en nuestra división Septenaria Oculta como el "Alma Humana". (Vide la Doctrina Secreta) en contraposición a las Almas Espirituales y Animales.
8. Mahâ Mâyâ: "Gran Ilusión", el Universo objetivo.

de; cuando te asustas ante la vista de las ardientes lágrimas de dolor, cuando te ensordeces por los gritos de angustia, tu alma se retira como la tímida tortuga dentro del caparazón de la *misma condición*, aprende, ¡Oh discípulo!, de su silencioso "Dios", tu alma es un indigno santuario.

Al fortalecerse, tu alma se desliza desde su refugio seguro y liberándose del santuario protector, extiende su *hilo de plata*[10] y se precipita hacia delante.

Si al contemplar su imagen en las ondas del Espacio, susurra: "Éste soy yo", declara ¡Oh Discípulo!, que tu alma está atrapada en las redes del engaño[11].

Esta Tierra, ¡Oh Discípulo!, es el Salón del Dolor, donde se colocan a lo largo del Camino de terribles pruebas, trampas para atrapar a tu Ego, por el engaño llamado *"Gran Herejía"*[12].

Esta tierra, ¡Oh discípulo ignorante!, no es más que la lúgubre entrada que conduce al crepúsculo que precede al valle de la verdadera luz: esa luz que ningún viento puede extinguir, esa luz que arde sin mecha ni combustible.

Dice la Gran Ley:

10. *Dice el Glosario teosófico:* Sûtrâtman [o Sûtrâtmâ] (Sánsc.). Literalmente: "Hilo del Espíritu"; el Ego inmortal; la Individualidad que se reencarna en hombre, una vida tras otra y en la cual están ensartadas, como cuentas de rosario en un cordón, sus innumerables personalidades. El aire universal que sostiene la vida, Samashti pran; la energía universal. [Es el "hilo" argentino (de plata), que "se reencarna" desde el principio hasta el fin del manvantara, ensartando en sí mismo las perlas de la existencia humana, o en otros términos, el aroma espiritual de cada personalidad que sigue de un extremo a otro del peregrinaje de la vida. (Doctrina Secreta VI, pág. 94, ed. ELA). Véase: Huevo áureo y Pranâtman]. (Para más datos consultar "Glosario teosófico", página 594 y siguientes, edición editorial ELA).

7. Sakkâyaditthi "engaño" de la personalidad. *Dice el Glosario teosófico:* Sakhâyaditthi (Sánsc.). La ilusión de la personalidad; la errónea idea de que "yo soy yo", un hombre o una mujer de tal o cual nombre, una entidad independiente, en lugar de ser una parte inseparable del Todo. (Para más datos consultar "Glosario teosófico", página 535 y siguientes, edición editorial ELA).

12. Attavâda, la herejía de la creencia en el Alma o más bien en la separación del Alma o del Yo, del Ser Único, Universal e infinito. *Dice el Glosario teosófico:* Attavâda (Pali). El pecado de la personalidad. [La gran herejía, o sea la creencia de que el Yo está separado del Yo ÚNICO, universal e infinito. (Para más datos consultar "Glosario teosófico", página 64 y siguientes, edición editorial ELA).

"Para llegar a ser el conocedor de *Todo Ser*[13], primero debes ser el conocedor de ti mismo".

Para alcanzar el conocimiento de ese yo, tienes que entregar el Yo al No-Yo, el Ser al No-Ser y entonces podrás reposar entre las alas del *Gran Pájaro*[14]. Sí, dulce es el descanso entre las alas de aquello que no nace ni muere, sino que es el *Aum*[15] a través de las *edades eternas*[16].

Monta sobre el pájaro de la vida, si quieres saberlo[17].

Entrega tu vida, si quieres vivir[18].

Tres Salas, ¡Oh cansado peregrino!, conducen al final de los esfuerzos. Tres Salas, ¡Oh conquistador de *Mâra*!, te llevarán a través de tres estados[19] al cuarto[20] y de allí a los siete mundos[21], los mundos del Descanso Eterno.

13. El Tattvajñânin es el "conocedor" o discriminador de los principios en la naturaleza y en el hombre y Âtmajñânin es el conocedor de Âtman o el Ser Único Universal.

14. Kala Hamsa , el "Pájaro" o Cisne (Ver nota N°11). Dice el Nâda-Bindu Upanishad (Rig Veda) traducido por la Sociedad Teosofica de Kumbakonam: "Se considera que la sílaba a, es su ala derecha (del pájaro Hamsa), u, su izquierda, m, su cola y se dice que el Ardha-mâtra (medio metro) es su cabeza".

15. Aum (Sánsc.). La sílaba sagrada; la unidad de tres letras; de ahí la trinidad en uno. [Sílaba compuesta de las letras A, U y M (de las cuales las dos primeras se combinan para formar la vocal compuesta O). Es la sílaba mística, emblema de la Divinidad, o sea la Trinidad en la Unidad (representando A el nombre de Vichnú, U, el de Ziva y M, el de Brahmâ), es el misterio de los misterios, el nombre místico de la Divinidad, la palabra más sagrada de todas en la India, la expresión laudatoria o glorificadora con que se encabezan los Vedas y todos los libros sagrados o místicos. Véase: OM]. (Para más datos consultar "Glosario teosófico", página 64 y siguientes, edición editorial ELA). Ver la palabra: "Om" en el glosario de esta obra.

16. La eternidad para los orientales tiene un significado muy diferente al que tiene para nosotros. Generalmente representa los 100 años o "edad" de Brahmâ, la duración de un Kalpa o un período de 311.040.000.000.000 de años.

17. Dice el mismo Nâda-Bindu: "Un yogui que cabalga sobre Hamsa (por lo tanto contempla Aum) no se ve afectado por influencias kármicas ni por millones de pecados".

18. Abandona la vida de la personalidad física, si quieres vivir en espíritu.

19. Los tres estados de conciencia, que son Jâgrat, la vigilia; Svapna, el sueño y Sushupti, el estado de sueño profundo. Estas tres condiciones yoguis conducen a la cuarta, o Turîya.

20. Turîya, el que está más allá del estado sin sueños, el que está por encima de todo, un estado de elevada conciencia espiritual.

21. Algunos místicos sánscritos ubican siete planos del ser, los siete lokas o mundos espirituales dentro del cuerpo de Kala Hamsa, el Cisne fuera del Tiempo y del Espacio, convertible en el Cisne en el Tiempo, cuando se convierte en Brahmâ en lugar de Brahma (neutro).

Si quieres aprender sus nombres, entonces escucha y recuerda:

El nombre de la primera Sala es la *Ignorancia - Avidyâ*. Es el Salón en el que viste la luz, en el que vives y morirás[21].

El nombre de la segunda Sala es la Sala del *Aprendizaje* [El Salón del Aprendizaje Probatorio]. En ella tu Alma encontrará las flores de la vida, pero debajo de cada flor se enrosca una serpiente[22].

El nombre del tercer Salón, es la *Sabiduría*, más allá del cual se extienden las aguas sin orillas de *Akshara*, la Fuente indestructible de la Omnisciencia[23].

Si quieres cruzar el primer Salón con seguridad, no dejes que tu mente confunda los fuegos de la lujuria, que arden allí con la Luz del Sol de la vida.

Si quieres cruzar el segundo con seguridad, no dejes de inhalar la fragancia de sus asombrosas flores. Si quieres liberarte de las cadenas kármicas, no busques a tu Gurú en esas regiones mâyâvicas.

Los *Sabios*, no se detienen en los terrenos de placer de los sentidos.

Los *Sabios*, no prestan atención a las dulces voces de la ilusión.

Busca a Aquél que te va a dar a luz[24], en el *Salón de la Sabiduría*, el Salón que se encuentra más allá, donde todas las sombras son desconocidas y donde la luz de la verdad brilla con gloria imperecedera.

21. El fenoménico Mundo de los Sentidos y de la conciencia terrestre... únicamente.
22. La región astral, el Mundo Psíquico de las percepciones suprasensibles y de las visiones engañosas: el mundo de los Médiums. Es la gran "Serpiente Astral" de Éliphas Lévi. Ninguna flor arrancada en aquellas regiones ha llegado jamás a la Tierra sin su serpiente enrollada alrededor del tallo. Es el mundo de la Gran Ilusión.
23. La región de la plena Conciencia Espiritual más allá de la cual ya no hay peligro para quien la ha alcanzado. *Dice el Glosario teosófico:* Akchara (Akshara) (Sánsc.). [Sonido, palabra, especialmente la palabra sagrada OM]. Indivisible, indestructible, imperecedero, eterno, inmutable, siempre perfecto; lo Absoluto, la Deidad suprema, Brahma. (Para más datos consultar "Glosario teosófico", página 33 y siguientes, edición editorial ELA).
24. El Iniciado que guía al discípulo a través del Conocimiento que se le ha dado hasta su nacimiento espiritual o segundo, se llama Padre, gurú o Maestro.

Aquello que es increado permanece en ti, Discípulo, como habita en ese Salón. Si quieres alcanzarlo y mezclar los dos, debes despojarte de tus oscuras vestiduras de la ilusión. Ahoga la voz de la carne, no permitas que ninguna imagen de los sentidos se interponga entre su luz y la tuya, para que así los dos se mezclen en uno. Y habiendo aprendido tu propio *Ajñâna*[25], huye del *Salón del Aprendizaje*.

Este Salón es peligroso por su pérfida belleza; sólo es necesario para tu prueba. Ten cuidado, *Lanu*, no sea que tu Alma, deslumbrada por un resplandor ilusorio, permanezca y quede atrapada en su luz engañosa.

Esta luz brilla desde la joya del Gran Atrapador, (*Mâra*)[26].

Hechiza los sentidos, ciega la mente y deja al incauto en una ruina abandonada. La polilla atraída por la llama deslumbrante de tu lámpara de noche, está condenada a perecer en el aceite viscoso. El Alma incauta, que no logra luchar con el demonio burlón de la ilusión, regresará a la tierra como esclava de *Mâra*.

He aquí las huestes de almas. Mira cómo flotan sobre el mar tempestuoso de la vida humana y cómo exhaustas, sangrantes, con

25. Ajñâna es ignorancia o falta de sabiduría, lo opuesto al "Conocimiento", jñâna. *Dice el Glosario teosófico:* Ajñâna (Ajnâna o Agnyana) (Sánsc.) o Agyana (Beng). No-conocimiento, falta de conocimiento, más bien que "ignorancia", "nesciencia", como se traduce generalmente. Ajñânî (Ajnâni) significa "profano". (Para más datos consultar "Glosario teosófico", página 32 y siguientes, edición editorial ELA).

26. Mâra es en las religiones exotéricas un demonio, un Asura, pero en la filosofía esotérica es la tentación personificada a través de los vicios de los hombres y traducido literalmente significa "aquello que mata" el Alma. Se le representa como un Rey (de los Mâras) con una corona en la que brilla una joya de tal brillo que ciega a quien la mira, brillo que se refiere por supuesto a la fascinación que ejerce el vicio sobre ciertas naturalezas. *Dice el Glosario teosófico:* Mâra (Sánsc.). El Dios de la Tentación, el Seductor que trataba de apartar a Buddha de su SENDERO. Es denominado "Destructor" y "Muerte" (del Alma). Es uno de los nombres de Kâma, dios del amor. [El gran Engañador, el Tentador o Destructor. En las religiones exotéricas, Mâra es un demonio, un asura; pero, en la filosofía esotérica, es la Tentación personificada por los vicios humanos y traducida esta palabra literalmente, significa "lo que mata" el Alma. Es representado como un Rey (Rey de los Mâras), con una corona en la cual brilla una joya con un resplandor tal que ciega a cuantos la miran, figurando este brillo la fascinación producida por el vicio sobre ciertas naturalezas. Es el Diablo de los budistas. (Para más datos consultar "Glosario teosófico", página 332 y siguientes, edición editorial ELA).

las alas rotas, caen una tras otra sobre las crecientes olas. Azotadas por los fuertes vientos, perseguidas por el vendaval, se dejan llevar por los remolinos y desaparecen en el primer gran vórtice.

Si a través del *Salón de la Sabiduría*, quieres llegar al *Valle de la Bienaventuranza*, ¡Discípulo!, cierra rápidamente tus sentidos contra la gran y espantosa herejía de la separación que te separa del resto.

No dejes que tu "Nacido del Cielo", fusionado en el mar de Mâyâ, se separe del Padre Universal (ALMA), que el poder ardiente[27] se retire a la cámara más íntima, la cámara del Corazón y la morada de la Madre del Mundo[28].

Luego, desde el corazón, ese Poder se elevará a la sexta, la región media, el lugar entre tus ojos, cuando se convierta en el aliento del ALMA UNA, la voz que lo llena todo, la voz de tu Maestro.

27. El "poder ardiente" es Kundalinî. La cámara interior del Corazón, llamada en sánscrito Brahmapura.

28. El "Poder" y la "Madre del Mundo" son nombres dados a Kundalinî, uno de los "poderes yoguis" místicos. Es Buddhi considerado como un principio activo en lugar de pasivo (lo cual es generalmente cuando se lo considera sólo como el vehículo o cofre del Espíritu Supremo Âtma). Es una fuerza electroespiritual, un poder creativo que, cuando se pone en acción, puede matar con tanta facilidad como crear. *Dice el Glosario teosófico*: *Kundalini (Sánsc.). Serpentino, enroscado como una serpiente, en espiral. La terminación femenina de este adjetivo es î (Kundalinî).

Kundalinî zakti (-sakti o. shakti) (Sánsc.). El poder de vida; una de las Fuerzas de la Naturaleza; el poder que engendra cierta luz en aquellos que se disponen para el desarrollo espiritual y clarividente. Es un poder que sólo conocen aquellos que practican la concentración y el yoga. [El poder serpentino o en espiral, poder divino latente en todos los seres. (Svami Vívekânanda). El poder o fuerza que se mueve formando curvas. Es el universal principio de vida que se manifiesta en todas partes en la Naturaleza. Esta fuerza incluye las dos grandes fuerzas de atracción y repulsión. La electricidad y el magnetismo no son más que manifestaciones de la misma. Este es el poder que produce "el ajustamiento continuo de las relaciones internas con las relaciones externas", que es la esencia de la vida, según Herbert Spencer y "el ajustamiento continuo de las relaciones externas con las internas", que es la base de la transmigración de las almas (renacimiento), según las doctrinas de los antiguos filósofos indos. (La Doctrina Secreta I). Esta fuerza, llamada también "Poder ígneo", es uno de los místicos poderes del yogui y es el Buddhi considerado como principio activo; es una fuerza creadora que, una vez despertada su actividad, puede matar tan fácilmente como crear. (Para más datos consultar "Glosario teosófico", página 285 y siguientes, edición editorial ELA).

Sólo entonces podrás convertirte en un *"Caminante del Cielo"*[29], que camina sobre los vientos por encima de las olas, cuyo paso no toca las aguas.

Antes de poner tu pie en el peldaño superior de la escalera, la escalera de los sonidos místicos, tienes que escuchar la voz de tu DIOS interior [El Yo Superior] de siete maneras.

La primera, es como la dulce voz del ruiseñor cantando una canción de despedida a su pareja.

La segunda, llega como el sonido de un címbalo plateado de los *Dhyânis*, que despierta las estrellas titilantes.

La siguiente, es el lamento melodioso del duende del océano aprisionado en su caparazón.

Y a esto le sigue el canto de la *Vînâ*[30].

El quinto sonido, es parecido a una flauta de bambú que retumba en tu oído.

A continuación, se transforma en un toque de trompeta. Este último, vibra como el ruido sordo de una nube de tormenta.

El séptimo, se traga todos los demás sonidos. Mueren y luego no se les escucha más.

Cuando los seis[31] son asesinados y puestos a los pies del Maestro, entonces el alumno se fusiona con el UNO[32], se convierte en ese UNO y vive en él.

Antes de entrar en ese camino, debes destruir tu cuerpo lunar[33], limpiar tu cuerpo mental[34] y limpiar tu corazón.

---

29. Khechara o "caminante del cielo" o "asistente". Como se explica en el sexto Adhyâya de ese rey de las obras místicas, el Jñânesvari, el cuerpo del Yogui se vuelve como uno formado por el viento ; como "una nube de la que han brotado miembros", después de lo cual "él (el yogui) contempla las cosas más allá de los mares y las estrellas; oye el lenguaje de los Devas y lo comprendey percibe lo que pasa en la mente de la hormiga".
30. Vînâ es un instrumento de cuerda indio como un laúd.
31. Los seis principios; es decir, cuando la personalidad inferior es destruida y la individualidad interna se funde y se pierde en el Séptimo o Espíritu.
32. El discípulo es uno con Brahmâ o el Âtman.
33. La forma astral producida por el principio Kâmico, el Kâma rûpa o cuerpo del deseo. El Yo astral o personal.
34. Manasâ rûpa. La individualidad o el Ego reencarnante, cuya conciencia en nuestro plano o el Manas inferior, tiene que ser paralizada.

Las aguas puras, claras y cristalinas de la vida eterna, con los torrentes fangosos de la tempestad monzónica, no pueden mezclarse.

La gota de rocío del cielo, que brilla en el primer rayo de sol de la mañana dentro del seno del loto, cuando cae sobre la tierra, se convierte en un trozo de arcilla; he aquí, que la perla es ahora una mota de lodo.

Lucha con tus pensamientos impuros antes de que te dominen. Úsalos como quieras, porque si los perdonas y echan raíces y crecen, debes saber bien que estos pensamientos te dominarán y matarán. ¡Cuidado, discípulo, no permitas que ni siquiera su sombra, se te acerque! Porque crecerá, aumentará en tamaño y poder y entonces esta criatura de la oscuridad, absorberá tu ser antes de que te hayas dado cuenta de la presencia del asqueroso monstruo negro.

Antes de que el " Poder místico"[35] [Kundalinî, el "Poder de la Serpiente" o fuego místico] pueda convertirte en un dios, Lanu, debes haber adquirido la facultad de matar tu forma lunar a voluntad.

El Yo de la materia y el Yo del Espíritu, nunca podrán encontrarse. Uno de los dos debe desaparecer; no hay lugar para ambos.

Antes de que la mente de tu Alma pueda comprender, el brote de la personalidad debe ser aplastado y el gusano de los sentidos destruido sin resurrección.

No puedes viajar por el *Camino*, antes de haberte convertido en ese *Camino*[36] mismo.

35. Kundalinî se llama "serpentino" o fuego místico, debido a su funcionamiento o progreso en forma de espiral en el cuerpo del asceta que desarrolla el poder en sí mismo. Es un poder eléctrico ardiente, oculto o fohático, la gran fuerza prístina que subyace a toda materia orgánica e inorgánica.
36. Este "Camino" o "Sendero , se menciona en todas las Obras Místicas. Como dice Krishna en el Jñâne[vari: "Cuando se contempla este Sendero... ya sea que uno se dirija hacia la flor del este o hacia las cámaras del oeste, aún sin moverse, ¡oh portador del arco!, esto es viajar por este camino. En este camino, sea cual sea el lugar al que uno vaya, ese lugar se convierte en el propio yo". "Tú eres el Camino" se dice al adepto gurú y éste al discípulo, después de la iniciación. "Yo soy el camino y la vida", dice otro Maestro.

Deja que tu Alma preste oído a cada grito de dolor, como el loto descubre su corazón para beber el sol de la mañana.

No dejes que el sol feroz seque una lágrima de tu dolor, antes de que tú mismo la hayas enjugado del ojo del que sufre.

Pero, deja que cada lágrima humana ardiente caiga sobre tu corazón y allí quede, ni jamás la limpies, hasta que se elimine el dolor que la causó.

Estas lágrimas, ¡Oh tú de corazón misericordioso!, son los arroyos que riegan los campos de la caridad inmortal. Es en ese suelo, donde crece la flor de medianoche de Buda[38], más difícil de encontrar, más rara de ver que la flor del árbol Vogay.

Es la semilla de la libertad del renacimiento. Aísla al *Arhat*, tanto de la lucha como de la lujuria, lo conduce a través de los campos del Ser hacia la paz y la bienaventuranza, conocidas sólo en la tierra del Silencio y el No Ser.

Mata el deseo; pero si lo matas, ten cuidado de que no resucite de entre los muertos.

Mata el amor a la vida, pero si matas a *Tanhâ*[39], que no sea por sed de vida eterna, sino para sustituir la fugaz por la eterna.

No desees nada. No te irrites con el *Karma*[40] ni con las leyes inmutables de la Naturaleza. Pero lucha sólo con lo personal, lo transitorio, lo evanescente y lo perecedero.

38. El adeptado es el "florecimiento del Bodhisattva".
39. Tanhâ: "la voluntad de vivir", el miedo a la muerte y el amor por la vida, esa fuerza o energía que provoca los renacimientos. *Dice el Glosario teosófico:* Tanhâ (Tanha) (Pâli). La sed de vida. El deseo de vivir y el apego a la vida en esta tierra. Este apego es la causa del renacimiento o reencarnación. [Esta insaciable sed de existencia física es una fuerza y tiene en sí misma una potencia creadora tan poderosa que atrae de nuevo al ser a la vida mundana. (Olcott, Catec. Bud. pregunta 131, ed. ELA). "Mata el amor a la vida, pero si matas al tanhâ (la voluntad de vivir), procura que no sea por la sed de vida eterna, sino para substituir lo pasajero con lo perdurable. Véase: Trichna]. (Para más datos consultar "Glosario teosófico", página 604 y siguientes, edición editorial ELA). *Dice el Glosario teosófico:* Trichnâ (Trishnâ) (Sánsc.). El quinto Nidâna: amor espiritual. (Véase: Nidâna). [Sed, deseo, afán, apetito, deseo de vida; amor puro o impuro, avidez, ambición, codicia, deseo egoísta no satisfecho. (Véase: Vâsanâ). Es equivalente al pâli tanhâ]. (Para más datos consultar "Glosario teosófico", página 631 y siguientes, edición editorial ELA).
40. Karma. ver glosario en esta obra.

Ayuda a la Naturaleza y trabaja con ella y la Naturaleza te considerará uno de sus creadores y te rendirá reverencia.

Y ella abrirá de par en par ante ti, los portales de sus aposentos secretos, dejará al descubierto ante tu mirada los tesoros escondidos, en lo más profundo de su puro seno virginal. Inmaculada por la mano de la materia, muestra sus tesoros sólo al ojo del Espíritu: el ojo que nunca se cierra, el ojo para el cual no hay velo en todos sus reinos.

Entonces ella te mostrará el medio y el camino, la primera puerta y la segunda, la tercera, hasta la séptima. Y luego, la meta, más allá de la cual se encuentran, bañadas por la luz del sol del Espíritu, glorias incalculables, invisibles para cualquiera que no sea el ojo del Alma.

Sólo hay un camino hacia el Sendero; sólo al final se puede escuchar la *"Voz del Silencio"*. La escalera por la que asciende el candidato, está formada por peldaños de sufrimiento y de dolor y éstos sólo pueden ser silenciados por la voz de la virtud. ¡Ay, pues, de ti, Discípulo, si hay un solo vicio que no hayas dejado atrás! Porque entonces la escalera cederá y te derribará; su pie reposa en el profundo fango de tus pecados y fracasos y antes de que puedas intentar cruzar este amplio abismo de materia, debes lavar tus pies en las Aguas de la Renuncia. Ten cuidado de no poner un pie aún sucio, en el peldaño más bajo de la escalera. ¡Ay de aquél que se atreva a contaminar un peldaño con sus pies fangosos! El barro pestilente y viscoso se secará, se volverá tenaz, luego pegará sus pies al lugar y como a un pájaro atrapado en la cal del astuto cazador, se le impedirá seguir avanzando. Sus vicios tomarán forma y lo arrastrarán hacia abajo. Sus pecados alzarán la voz como la risa y el sollozo del chacal después de ponerse el sol y sus pensamientos se convierten en un ejército y se lo llevarán como un esclavo cautivo.

Mata tus deseos, *Lanu*, haz impotentes tus vicios, antes de dar el primer paso en el viaje solemne.

Estrangula tus pecados y hazlos enmudecer para siempre, antes de que levantes un pie para subir la escalera.

Silencia tus pensamientos y fija toda tu atención en tu

Maestro, a quien aún no ves, pero a quien sientes.

Fusiona en un solo sentido tus sentidos, si quieres estar seguro contra el enemigo. Sólo mediante ese sentido que yace oculto en el hueco de tu cerebro, el empinado camino que conduce a tu Maestro, puede revelarse ante los ojos apagados de tu Alma.

Largo y cansado es el camino ante ti, ¡Oh Discípulo!. Un solo pensamiento sobre el pasado que has dejado atrás, te arrastrará hacia abajo y tendrás que empezar de nuevo la subida.

Mata en ti mismo todo recuerdo de las experiencias pasadas. No mires atrás o estarás perdido.

No creas que la lujuria puede ser eliminada, si se la gratifica o se la sacia, porque esto es una abominación inspirada por *Mâra*[41]. El vicio que es alimentando, se expande y se fortalece, como el gusano que engorda en el corazón de la flor.

La rosa debe volver a convertirse en el capullo nacido del tallo original, antes de que el parásito se haya comido su corazón y bebido su savia vital.

El árbol de oro, echa sus capullos de joyas, antes de que la tormenta seque su tronco.

El alumno debe recuperar el estado infantil que ha perdido, antes de que el primer sonido pueda llegar a su oído.

La luz del *Único Maestro*, la única luz dorada e inmarcesible del Espíritu, dispara sus rayos refulgentes sobre el discípulo desde el principio. Sus rayos atraviesan las espesas y oscuras nubes de la materia.

Ahora aquí, ahora allí, estos rayos lo iluminan, como las chispas del sol iluminan la tierra a través del espeso follaje de la

41. Dice el Glosario teosófico: Mâra (Sánsc.). El Dios de la Tentación, el Seductor que trataba de apartar a Buddha de su SENDERO. Es denominado "Destructor" y "Muerte" (del Alma). Es uno de los nombres de Kâma, dios del amor. [El gran Engañador, el Tentador o Destructor. En las religiones exotéricas, Mâra es un demonio, un asura; pero, en la filosofía esotérica, es la Tentación personificada por los vicios humanos y traducida esta palabra literalmente, significa "lo que mata" el Alma. Es representado como un Rey (Rey de los Mâras), con una corona en la cual brilla una joya con un resplandor tal que ciega a cuantos la miran, figurando este brillo la fascinación producida por el vicio sobre ciertas naturalezas. Es el Diablo de los budistas. (Para más datos consultar "Glosario teosófico", página 332 y siguientes, edición editorial ELA).

selva. Pero, ¡Oh discípulo!, a menos que la carne sea pasiva, la cabeza fría, el alma tan firme y pura como un diamante llameante, el resplandor no llegará a la cámara[42], su luz del sol no calentará el corazón, ni los sonidos místicos de las alturas akâsicas[43], llegan al oído, por muy entusiastas que sean, en la etapa inicial.

A menos que oigas, no podrás ver.

A menos que veas, no podrás oír. Escuchar y ver esto, es la segunda etapa.

. . . .

Cuando el discípulo ve y oye y cuando huele y gusta, con los ojos cerrados, con los oídos cerrados, con la boca y la nariz tapadas; cuando los cuatro sentidos se mezclan y están listos para pasar al quinto, el del tacto interior, entonces ha pasado a la cuarta etapa.

Y en la quinta, ¡Oh asesino de tus pensamientos!, todos estos, nuevamente tienen que ser asesinados, más allá de la reanimación[44].

Aparta tu mente de todos los objetos externos, de todas las visiones externas. Retén las imágenes internas, no sea que en tu Alma se ilumine una sombra oscura que proyecten.

Ahora estás en *Dhâranâ*, la sexta etapa.

Cuando hayas pasado a la séptima etapa, ¡Oh feliz!, no percibirás más a los *tres sagrados*[45], porque tú mismo te habrás con-

42. El "poder ardiente" es Kundalinî. La cámara interior del Corazón, llamada en sánscrito Brahmapura.

43. Estos sonidos místicos o la melodía que escucha el asceta al comienzo de su ciclo de meditación, son llamados Anâhata-[abda por los yoguis.

44. Esto significa que en la sexta etapa de desarrollo que, en el sistema oculto es Dhâranâ, cada sentido como facultad individual tiene que ser "matado" (o paralizado) en este plano, pasando y fusionándose con el Séptimo sentido, el más espiritual. Ver nota nº 3

45. Cada etapa de desarrollo en el Râja Yoga está simbolizada por una figura geométrica. Ésta lo está por el Triángulo sagrado y precede al Dhâranâ. El [triángulo] es el signo de los altos chelas, mientras que otro tipo de triángulo es el de los altos iniciados. Es el símbolo "yo" sobre el que habló Buda y que utilizó como símbolo de la forma encarnada de Tathâgata, cuando se liberó de los tres métodos de Prajñâ. Una vez pasadas las etapas preliminar e inferior, el discípulo ya no ve el [triángulo] sino el... -la abreviatura del...-, el Septenario completo. Su verdadera forma no se proporciona aquí, ya que es casi seguro que algunos charlatanes se abalanzarán sobre él y lo profanarán en su uso con fines fraudulentos.

vertido en esos tres. Tú y tu mente, como gemelos sobre una línea, la estrella que es tu meta, arde en lo *alto*[46].

Los tres que habitan en la gloria y en la bienaventuranza inefables, ahora en el mundo de *Mâyâ*, han perdido sus nombres. Se han convertido en una sola estrella, el fuego que quema pero no abrasa, ese fuego que es el *Upâdhi*[47] de la Llama.

Y esto, ¡Oh Yogui del éxito!, es lo que los hombres llaman *Dhyâna*[48], el precursor correcto del *Samâdhi*[49].

46. La estrella que arde en lo alto es "la estrella de la iniciación". La marca de la casta de Zaivas, o devotos de la secta de Ziva, el gran patrón de todos los yoguis, que es una mancha redonda y negra, el símbolo del Sol ahora, tal vez, pero el de la estrella de la iniciación, en el Ocultismo, en los antiguos días.

47. La base (upâdhi) de la "llama", es siempre inalcanzable , mientras el asceta esté todavía en esta vida.

48. Dhyâna es la última etapa antes de la final en esta Tierra a menos que uno se convierta en un mahatma completo. Como ya se dijo, en este estado, el Râja Yogui todavía es espiritualmente consciente del Ser y del funcionamiento de sus principios superiores. Un paso más y estará en el plano más allá del Séptimo (o cuarto según algunas escuelas). Estos, después de la práctica de Pratyâhâra -un entrenamiento preliminar para controlar la mente y los pensamientos- son: Dhâranâ, Dhyâna y Samâdhi y se abarca a los tres bajo el nombre genérico de Samyama. *Nota editorial:* Dhâranâ, Dhyâna y Samâdhi forman Samyama, la capacidad interna, cuando la persona, libre de las dependencias externas y es dueña de si misma. La división clásica del yoga en 8 partes según Patanjali, es:

1. Yama: Yama son los principios éticos: 1, Ahimsa: no violencia. 2, Satya: veracidad. 3, Asteya: no robar. 4, Brahmacarya: no desperdiciar la energía sexual. 5, Aparigraha: No codiciar.

2. Niyama: son las disciplinas individuales y actitudes hacia uno mismo: 1, Sauca: limpieza externa como interna, que incluye una alimentación equilibrada, pensamientos puros y la práctica de asanas y pranayamas para limpiar el cuerpo. 2, Santosa: contento interior, con independencia de los resultados de nuestras acciones. 3, Tapas: autodisciplina, para eliminar las impurezas del cuerpo. 4, Svadhyaya: autoconocimiento, que conduce al desarrollo espiritual. 5, Isvara pranidhara: Entrega y renuncia, liberación de los deseos mundanos).

3. Asana: posturas de yoga físico.

4. Pranayama: expansión de la energía de la fuerza vital (lograda a menudo a través de ejercicios respiratorios).

5. Pratyahara: la retirada de los sentidos.

6. Dharana: la concentración.

7. Dhyana: la meditación.

8. Samadhi: la liberación de la ilusión, la absorción total.

Pero si tenemos en cuenta a las cinco primeras como una sola, las partes no serán 8 sino solo 4. Aquí radica la aparente diferencia, que en el fondo no existe.

49. Samâdhi es el estado en el que el asceta pierde la conciencia de cada individualidad, incluida la suya propia. Él se convierte en el Todo.

Y ahora tu Yo, está perdido en el YO; Tu mismo, en TI MISMO, fusionado en ESE SER desde el cual irradiaste por primera vez.

¿Dónde está tu individualidad, *Lanu*, dónde está el *Lanu* mismo? Es la chispa perdida en el fuego, la gota dentro del océano, el Rayo siempre presente, convertido en el Todo y el Resplandor eterno.

Y ahora, *Lanu*, tú eres el hacedor y el testigo, el radiador y la radiación, la Luz en el Sonido y el Sonido en la Luz.

Tú conoces los cinco impedimentos, ¡Oh bendito! Tú eres su conquistador, el Maestro del sexto, el libertador de las *cuatro modalidades de la Verdad*[50].

La luz que cae sobre ellos brilla desde ti mismo, ¡oh tú que eras discípulo pero ahora eres Maestro!

Y de estos modos de la Verdad:

¿No has pasado por el conocimiento de toda miseria: la Verdad primera?

¿No has conquistado al Rey de *Mâras* en *Tsi*, el portal de la reunión, verdad segunda?[51].

¿No has destruido el pecado en la tercera puerta y alcanzado la tercera verdad?

¿No has entrado en el *Tao*, "el Camino" que conduce al conocimiento, la cuarta verdad?[52].

Y ahora, descansa bajo el árbol Bodhi, que es la perfección de todo conocimiento, porque debes saber, que tú eres el Maestro de *Samâdhi*, el estado de visión impecable.

50. Las "cuatro modalidades de la verdad" son, en el budismo del norte: 1, Ku: sufrimiento o miseria; 2, Tu: la reunión de las tentaciones; 3, Mu: sus destrucciones y Tao: el "camino". Los "cinco impedimentos" son el conocimiento de la miseria, la verdad sobre la fragilidad humana, las restricciones opresivas y la absoluta necesidad de separación de todos los lazos de la pasión e incluso de los deseos. El "Camino de la Salvación" es el último.
51. En el portal de la "reunión", el Rey de los Mâras, el Mahâ Mâra, está tratando de cegar al candidato con el resplandor de su "Joya". Ver las palabras Mahâ y Mâra en el glosario final de esta obra.
52. Este es el cuarto "Camino" de los cinco caminos de renacimiento que conducen y arrojan a todos los seres humanos a perpetuos estados de tristeza y alegría. Estos "caminos" no son más que subdivisiones del Uno, el Camino seguido por el Karma.

¡Mira! te has convertido en la luz, te has convertido en el Sonido, eres tu Maestro y tu Dios. Tú MISMO eres el objeto de tu búsqueda: la VOZ ininterrumpida, que resuena a través de las eternidades, exenta de cambio, exenta de pecado, los siete sonidos en uno, LA VOZ DEL SILENCIO.

Om Tat Sat

FRAGMENTO II

Los dos caminos

Y ahora, ¡oh *Maestro de la Compasión!*, señala el camino a otros hombres.

¡Aquí están, todos aquellos que llaman para ser admitidos, que esperan en la ignorancia y la oscuridad ver la puerta de la Dulce Ley abierta de repente!

La voz de los Candidatos:

¿No revelarás tú, Maestro de tu propia Misericordia, la *Doctrina del Corazón*?[53]

¿Te negarás a guiar a tus Siervos al *Camino de la Liberación*?

Dijo el Maestro:

Los Caminos son dos; las grandes Perfecciones tres y seis son las Virtudes que transforman el cuerpo en el *Árbol del Conocimiento*[54].

53. Las dos escuelas de la doctrina de Buda, la esotérica y la exotérica, se denominan respectivamente doctrina del "corazón" y del "ojo". Bodhidharma los llamó en China -de donde los nombres llegaron al Tíbet- Tsung-men (esotérico) y Kiau-men (escuela exotérica). Tsung-men (la esotérica), se llama así porque es la enseñanza que emanó del corazón de Gautama Buda, mientras que la Doctrina del "Ojo", fue obra de su cabeza o cerebro. La "Doctrina del Corazón", también se llama "el sello de la verdad" o el "sello verdadero", símbolo que se encuentra en el título de casi todas las obras esotéricas.

54. El "árbol del conocimiento" es un título dado por los seguidores de Bodhidharma (religión de la sabiduría) a aquellos que han alcanzado la cima del conocimiento místico: los adeptos. Nâgârjuna, el fundador de la Escuela Mâdhyamika, fue llamado el "Árbol del Dragón", siendo el Dragón un símbolo de Sabiduría y Conocimiento. El árbol es honrado porque es bajo el árbol Bodhi (sabiduría) donde Buda recibió su nacimiento y su iluminación, predicó su primer sermón y murió.

¿Quién se acercará a ellos?

¿Quién entrará primero en ellos?

¿Quién oirá por primera vez la doctrina de los dos Caminos en uno, la verdad revelada sobre el *Corazón Secreto*?[55]

La Ley que, evitando el simple estudio, enseña la Sabiduría, revela una historia de aflicción.

¡Ay, ay!, ¡qué triste es todos los hombres posean *Alaya*, que sean uno con la gran Alma y que al poseerla, *Alaya* les sirva de tan poco!

He aquí, como la luna, reflejada en las tranquilas olas, *Alaya* se refleja en los pequeños y en los grandes, se refleja en los átomos más pequeños, pero no llega al corazón de todos. ¡Ay, que tan pocos hombres se benefician del don, del don inestimable de aprender la verdad, la percepción correcta de las cosas existentes, el Conocimiento de lo inexistente!

Dice el alumno:

¡Oh Maestro!, ¿qué debo hacer para alcanzar la *Sabiduría*?

¡Oh Sabio!, ¿qué puedo hacer para alcanzar la *Perfección*?

Dijo el Maestro:

Busca los Caminos. Pero, ¡Oh *Lanu*!, sé limpio de corazón antes de emprender tu viaje. Antes de dar tu primer paso, aprende a discernir lo real y lo falso, lo siempre fugaz y lo eterno. Aprende sobre todo a separar el aprendizaje mental, de la sabiduría del alma, la doctrina del "ojo", de la del "corazón".

Sí, la ignorancia es como un recipiente cerrado y sin aire y el alma, es un pájaro encerrado en su interior. No gorjea ni puede mover una pluma y el cantor, se sienta mudo y aletargado y de agotamiento muere. Pero incluso la ignorancia, es mejor que el aprendizaje mental sin sabiduría del Alma que la ilumine y la guíe. Las semillas de la Sabiduría, no pueden brotar ni crecer en un espacio sin aire. Para vivir y cosechar experiencias, la mente necesita amplitud y profundidad y puntos para atraerla hacia el *Alma Diamante*[56].

55. "Corazón Secreto" es la doctrina esotérica.
56. "Alma de Diamante", "Vajrasattva", título del Buda supremo, el "Señor de todos los Misterios", llamado Vajradhara y Âdi-Buda.

No busques esos puntos en el reino de Mâyâ; vuela más allá de las ilusiones, busca lo eterno y lo inmutable Sat[57], desconfiando de las falsas sugerencias de la fantasía.

Porque la mente es como un espejo; acumula polvo mientras refleja[58].

Necesita las suaves brisas de la Sabiduría del Alma, para quitar el polvo de nuestras ilusiones. Busca, ¡Oh principiante!, fusionar tu mente y tu alma.

Evita la ignorancia y también evita la ilusión. Aparta tu rostro de los engaños del mundo; desconfía de tus sentidos, son falsos. Pero dentro de tu cuerpo -el santuario de tus sensaciones- busca en lo Impersonal al "hombre eterno"[59] y habiéndolo buscado, mira hacia dentro: tú eres Buda[60].

Evita los elogios, ¡Oh devoto! La alabanza conduce al auto-engaño. Tu cuerpo no es el Yo, tu yo es en sí mismo sin cuerpo y ni la alabanza ni la censura le afectan.

La autocomplacencia, ¡Oh discípulo!, es como una torre elevada a la que ha subido un tonto altivo. Allí se sienta en orgullosa soledad y nadie más que él mismo le percibe.

Los sabios rechazan el falso aprendizaje y la buena Ley, lo dispersa a los vientos. Su rueda gira para todos, los humildes y los orgullosos. La "*Doctrina del Ojo*"[61] es para la multitud, la "*Doctrina*

57. Sat, la única Realidad y Verdad eterna y Absoluta, siendo todo lo demás ilusión. *Dice el Glosario teosófico:* Sat (Sánsc.). La única siempre presente Realidad en el mundo infinito; la Esencia divina que es, pero de la cual no se puede decir que existe, por cuanto es la Absolutidad, la Seidad misma. [En general, sat significa ser, existencia, esencia, realidad, lo real; el mundo real; bien, bondad, pureza, verdad, cualquiera cosa buena o útil; Âtman, lo Absoluto. Como adjetivo: existente, real, presente, viviente; verdadero, bueno, puro, justo, arménico, útil, provechoso, excelente, respetable, etc.]. (Para más datos consultar "Glosario teosófico", página 557 y siguientes, edición editorial ELA).
58. Según la Doctrina de Shen-hsiu, quien enseña que la mente humana es como un espejo que atrae y refleja cada átomo de polvo y que, como ese espejo, debe ser vigilado y desempolvado todos los días. Shen-hsiu, fue el sexto Patriarca del norte de China que enseñó la doctrina esotérica de Bodhidharma.
59. Los budistas del Norte llaman al Ego reencarnante: el "verdadero hombre", que se une a su Yo Superior: un Buda.
60. "Buda" significa: "Iluminado".
61. El budismo exotérico de masas.

del Corazón", para los elegidos. Los primeros repiten con orgullo: "He aquí, lo sé", los últimos, los que con humildad han cosechado, confiesan: *"así lo he oído"*[62].

"Gran Tamiz" es el nombre de la *"Doctrina del Corazón"*, ¡Oh discípulo!.

La rueda de la buena Ley avanza rápidamente. Muele de noche y de día. Las cáscaras inútiles las expulsa del grano dorado, los desechos de la harina. La mano del *Karma* guía la rueda; las revoluciones marcan los latidos del corazón kármico.

El verdadero conocimiento es la harina, el falso aprendizaje es la cáscara. Si quieres comer el pan de la Sabiduría, tendrás que amasar tu harina con las aguas claras de *Amrita* [la Inmortalidad.]. Pero si amasas las cáscaras con el rocío de *Mâyâ*, sólo podrás crear alimento para las palomas negras de la muerte, las aves del nacimiento, la decadencia y el dolor.[63]

Si te dicen que para convertirte en *Arhan*[64] debes dejar de amar a todos los seres, diles que mienten. Si te dicen que para obtener la liberación, debes odiar a tu madre y desatender a tu hijo, repudiar a tu padre y llamarlo *"cabeza de familia"*[65]; que el hombre y la bestia renuncien a toda piedad; diles que su lengua es falsa.

62. La fórmula habitual que precede a las Escrituras budistas, es decir, lo que sigue es lo que ha sido registrado por tradición oral directa de Buda y los Arhats.

63. Dice el Glosario teosófico: Amrita (Sánsc.). Néctar, ambrosía o alimento de los dioses; el alimento que confiere la inmortalidad. El elixir de vida extraído del Océano de leche, en la alegoría Purânica. Antiguo vocablo védico aplicado al sagrado jugo Soma en los Misterios del Templo. [Agua de Vida; el elixir del conocimiento. (Doctrina Secreta, III, pag. 418, ed, ELA)]. (Para más datos consultar "Glosario teosófico", página 40 y siguientes, edición editorial ELA).

64. *Dice el Glosario teosófico:* Arahat (Sánsc.). Se pronuncia y escribe también: Arhat, Arhan, Rahat, etc., "el digno", literalmente: "que merece honores divinos". Este era el nombre que se dió primero a los santos jainas y posteriormente a los santos budistas iniciados en los misterios esotéricos. El Arhat es aquel que ha entrado en el mejor y supremo sendero, librándose así del renacimiento. [El Arhat es el iniciado del grado superior; esto es, el que ha alcanzado la cuarta y última iniciación; aquel que pasa por ella se convierte en Adepto. (Para más datos consultar "Glosario teosófico", página 50 y siguientes, edición editorial ELA).

65. Rathapâla, el gran Arhat, se dirige así a su padre en la leyenda llamada Rathapâla Sûtrasanne. Pero como todas estas leyendas son alegóricas (por ejemplo, el padre de Rathapâla tiene una mansión con siete puertas), de ahí la represión para quienes las aceptan literalmente.

Así enseñan a los *Tîrthikas* [Ascetas brahmanes], los incrédulos.

Si te enseñan que el pecado nace de la acción y la bienaventuranza de la absoluta inacción, entonces diles que se equivocan. La no permanencia de la acción humana; la liberación de la mente de la esclavitud mediante el cese del pecado y las faltas, no son para los "Egos Deva" [Egos reencarnantes]. Así lo dice la *"Doctrina del Corazón"*.

El *Dharma* del *"Ojo"*, es la encarnación de lo externo y de lo inexistente.

El *Dharma* del *"Corazón"*, es la encarnación de *Bodhi* [Sabiduría verdadera y divina], lo Permanente y Eterno.

La lámpara arde intensamente cuando la mecha y el aceite están limpios. Para limpiarlos se requiere un limpiador. La llama no siente el proceso de la limpieza. "Las ramas de un árbol son sacudidas por el viento, pero el tronco permanece inmóvil".

Tanto la acción como la inacción, pueden encontrar lugar en ti; tu cuerpo agitado, tu mente tranquila, tu alma tan límpida como un lago de montaña.

¿Te convertirías en un yogui del "Círculo del Tiempo"? Entonces, ¡Oh *Lanu*!:

No creas que permaneciendo sentado en los bosques oscuros, en un orgulloso aislamiento y apartado de los hombres; tomando la vida de las raíces y de las plantas (comiendo) y saciando tu sed con nieve de la gran Cordillera; no creas, ¡Oh Devoto!, que esto te llevará a la meta de la liberación final.

No pienses que rompiendo tus huesos, que desgarrando tu carne y tus músculos te unes a tu "Yo silencioso"[66]. No pienses que cuando los pecados de tu forma burda sean conquistados, ¡Oh Víctima de tus Sombras![67], tu deber será cumplido por la naturaleza y por el hombre.

Los bienaventurados han desdeñado hacerlo. El León de la Ley, el Señor de la Misericordia [Buda], al percibir la verdadera

66. El "Yo Superior", el "séptimo" principio.
67. Nuestros cuerpos físicos son llamados "Sombras" en las escuelas místicas.

causa de la aflicción humana, abandonó inmediatamente el dulce, pero egoísta descanso, de la tranquila selva. De *Ranyaka*[68] Él se convirtió en el Maestro de la humanidad. Después de que *Julai*[69] hubo entrado en el *Nirvana*, predicó en las montañas y en las llanuras y pronunció discursos en las ciudades a los Devas, hombres y dioses[70].

Siembra actos de bondad y cosecharás sus frutos. La inacción, en un acto de misericordia, que se convierte en una acción, en un pecado mortal. Así lo dice el Sabio.

¿Te abstendrás de actuar?

Así no conseguirá tu alma su libertad. Para alcanzar el *Nirvana*, uno debe alcanzar el Autoconocimiento y el Autoconocimiento, es el fruto de las obras de amor.

¡Ten paciencia, candidato!, como quien no teme el fracaso ni busca el éxito. Fija la mirada de tu Alma en la estrella, cuyo rayo eres[71], la estrella llameante que brilla dentro de las profundidades sin luz del ser eterno, los campos ilimitados de lo Desconocido.

Ten perseverancia, como quien persevera para siempre. Tus sombras viven y se desvanecen[72]; lo que en ti vivirá para siempre, lo que en ti conoce, porque es el conocimiento[73], no es de la vida que huye: es el hombre que fue, que es y será, para quien nunca sonará la hora.

Si quieres cosechar dulce paz y descanso, ¡Oh discípulo!, siembra con las semillas del mérito los campos de las futuras cosechas. ¡Acepta los problemas del nacimiento!

Sal de la luz del sol hacia la sombra, para dejar más espacio

68. Un ermitaño que se retira a las selvas y vive en un bosque, al convertirse en yogui.

69. Julai es el nombre chino de Tathâgata, título que se aplica a todo Buda.

70. Todas las tradiciones del Norte y del Sur, coinciden en mostrar a Buda abandonando su soledad tan pronto como resolvió el problema de la vida (es decir, recibió la iluminación interior) y enseñó públicamente a la humanidad.

71. Cada Ego espiritual, es un rayo de un "Espíritu Planetario" según la enseñanza esotérica.

72. Las " personalidades " o cuerpos físicos llamados "sombras" son evanescentes.

73. La Mente (Manas), el Principio pensante o Ego en el hombre, se refiere al "Conocimiento" mismo, porque los Egos humanos se llaman Mânasa-putras, los hijos de la Mente (universal).

para los demás. Las lágrimas que riegan el suelo reseco del dolor y la tristeza, producen las flores y los frutos de la retribución kármica. Del horno de la vida del hombre y de su humo negro, surgen llamas haladas, llamas purificadas, que elevándose hacia adelante, bajo el ojo kármico, tejen al final, el tejido glorificado de las tres vestiduras del Sendero[74].

Estas vestiduras son: *Nirmânakâya, Sambhogakâya y Dharmakâya*, la túnica Sublime.[75]

La túnica *Shangna*[76], es cierto, que puede adquirir la luz eterna. Sólo el manto *Shangna*, proporciona el *Nirvana* de la destrucción y detiene el renacimiento, pero, ¡Oh Lanu!, también mata la compasión. Los Budas perfectos, que revisten la gloria del *Dharmakâya*, ya no pueden ayudar a la salvación del hombre. ¡Pobre de mí! ¿los Yoes serán sacrificados al Yo; la humanidad, será sacrificada para el bienestar de las Unidades?

Debes saber, ¡Oh principiante!, que este es el *Camino Abierto*, el camino hacia la bienaventuranza egoísta, evitado por los *Bodhisattvas* del "*Corazón Secreto*", los *Budas de la Compasión*.

Vivir para beneficiar a la humanidad, es el primer paso. Practicar las *seis gloriosas virtudes*[77] es el segundo.

Ponerse la humilde túnica de *Nirmânakâya*, es renunciar a la bienaventuranza eterna del Yo, para ayudar en la salvación del hombre. Alcanzar la bienaventuranza del *Nirvana*, pero renunciar a ella, es el paso supremo y final, el más elevado en el *Camino de la Renuncia*.

Debes saber, ¡Oh discípulo!, que este es el *Camino Secreto*,

---

74. Ver notas parte III.
75. Ver notas parte III.
76. La túnica Shangna, de Shangnavasu de Râjagriha, el tercer gran Arhat o "Patriarca", como llaman los orientalistas a la jerarquía de los 33 Arhats que difundieron el budismo. "Túnica Shangna", significa metafóricamente, la adquisición de la Sabiduría con la que se entra al Nirvâna de la destrucción (de la personalidad). Literalmente, la "túnica iniciática" de los neófitos. Edkins afirma que esta "túnica de hierba", fue traída a China desde el Tíbet durante la dinastía Tong. "Cuando nace un Arhan, esta planta se encuentra creciendo en un lugar limpio", dice la leyenda china y también tibetana.
77. " Practicar el Camino Pâramitâ", significa convertirse en un yogui con miras a convertirse en un asceta.

seleccionado por los *Budas de la Perfección*, quienes sacrificaron El YO a los Yoes más débiles.

Sin embargo, si la *"Doctrina del Corazón"* es demasiado altiva para ti. Si necesitas ayudarte a ti mismo y temes ofrecer ayuda a los demás, entonces, tú, de corazón tímido, adviértete a tiempo: mantente contento con la *"Doctrina del Ojo"* de la Ley. Espera un poco. Porque si el *"Camino Secreto"* es inalcanzable "hoy", estará a tu alcance "mañana"[78]. Aprende que ningún esfuerzo, ni siquiera el más pequeño, ya sea en la dirección correcta o incorrecta, puede desaparecer del mundo de las causas. Incluso el humo disipado, deja su rastro. "Una palabra dura pronunciada en vidas pasadas, no se destruye sino que vuelve a aparecer" [Precepto de la Escuela Prasanga] La planta del pimiento no dará a luz rosas, ni la dulce estrella de plata del jazmín, se convertirá en una espina o cardo.

Puedes crear este "hoy" y tus posibilidades para el "mañana". En el *"Gran Viaje"*[79], las causas sembradas a cada momento, traen cada una su cosecha de efectos, pues la Justicia inflexible gobierna el Mundo, con tal poderoso alcance en su acción, que nunca falla y trae a los mortales vidas de bien o de desgracia, la progenie kármica de todos nuestros pensamientos y acciones anteriores.

Toma entonces, todo lo que el mérito te tenga reservado, ¡Oh tú de corazón paciente! Ten buen ánimo y descansa contento con el destino. Tal es tu *Karma*, el *Karma* del ciclo de tus nacimientos, el destino de aquellos que, en su dolor y tristeza, nacen contigo, se alegran y lloran de vida en vida, encadenados a tus acciones anteriores.

. . . .

Actúa por ellos hoy y ellos actuarán por ti mañana.

Del brote de la Renuncia al Yo, brota el dulce fruto de la Liberación final.

78. " Mañana " significa el siguiente renacimiento o reencarnación.
79. "Gran Viaje" o todo el ciclo completo de existencias, en una "Ronda". Ver la palabra Ronda en este glosario.

Está condenado a perecer aquel que, por miedo a *Mâra*, se abstiene de ayudar al hombre y que solo actúa para sí mismo. El peregrino que refresca sus cansados miembros en las aguas corrientes, pero que no se atreve a sumergirse por miedo a la corriente, corre el riesgo de sucumbir al calor. La inacción basada en el miedo egoísta, sólo puede dar frutos malos.

El devoto egoísta, vive sin ningún propósito. El hombre que no cumple con el trabajo que le ha sido asignado en la vida, ha vivido en vano.

Sigue la rueda de la vida; sigue la rueda del deber hacia la raza y los parientes, hacia los amigos y los enemigos y cierra tu mente tanto a los placeres como al dolor. Agota la ley de la retribución kármica. Gana *Siddhis* para tu futuro nacimiento.

Si no puedes ser el Sol, entonces sé el humilde planeta. Sí estás impedido de arder como el Sol del mediodía sobre el monte nevado de la pureza eterna, entonces elige, ¡Oh Neófito!, un camino más humilde.

Señala el "*Camino*", aunque sea oscuro y perdido entre la multitud, como lo hace la estrella vespertina, a aquellos que recorren su camino en la oscuridad.

Mira a *Migmar* [Marte], que con su velo carmesí, su "Ojo" barre la Tierra dormida. Contempla el aura ardiente de la "Mano" de *Lhagpa* [Mercurio] extendida para proteger con amor, sobre las cabezas de sus ascetas. Ambos son ahora sirvientes de *Nyima* [El Sol][80] y en su ausencia, vigilan silenciosamente la noche. Sin embargo, en pasados *Kalpas*, ambos eran *Nyimas* brillantes y puede que en los futuros "Días" vuelvan a convertirse en dos Soles. Tales son las caídas y ascensos de la Ley Kármica en la naturaleza.

Sé, ¡Oh *Lanu*!, como ellos. Da luz y consuelo al peregrino trabajador y busca al que sabe aún menos que tú; quien en su miserable desolación se sienta hambriento del pan de la Sabiduría y del pan que alimenta la sombra, sin Maestro, esperanza ni consuelo y que escuche la Ley.

80. Nyima, el Sol en la astrología tibetana. Migmar o Marte está simbolizado por un "Ojo" y Lhagpa o Mercurio por una "Mano".

Dile, ¡Oh Candidato!, que aquél que hace del orgullo y la autoestima, esclavos de la devoción; que aquél que aferrándose a la existencia, todavía pone su paciencia y sumisión a la Ley, como una dulce flor a los pies de *Shakya-Thub-pa* [Buda], se convierte en un *Srotâpatti*[81] en este nacimiento. Los *Siddhis* de la perfección pueden vislumbrarse muy, muy lejos; pero una vez dado el primer paso, se entra en el arroyo y se puede obtener la vista del águila montañesa y el oído de la tímida cierva.

Dile, ¡Oh aspirante!, que la verdadera devoción, puede devolverle el conocimiento, ese conocimiento que tuvo en nacimientos anteriores. La vista y el oído de un *Deva*[82], no se obtienen en un breve nacimiento.

Sé humilde, si quieres alcanzar la Sabiduría.

Sé aún más humilde, cuando hayas dominado la Sabiduría.

Se como el Océano, que recibe todos los arroyos y ríos. La poderosa calma del Océano, permanece impasible y no los siente.

Restringe por tu Divino, tu Yo inferior.

Contén por lo Eterno, lo Divino.

Sí, grande es aquél que mata el deseo; aún mayor es aquel en quien el Ser Divino, ha matado el conocimiento mismo del deseo.

Guarda lo Inferior, para que no ensucie lo Superior.

El camino hacia la libertad final, está dentro de ti mismo. Ese camino comienza y termina fuera del yo[83].

81. Srotâpatti o "aquel que entra en la corriente" del Nirvâna, a menos que alcance la meta debido a razones excepcionales, rara vez puede alcanzar el Nirvâna en un solo nacimiento. Generalmente se dice que un Chela, comienza el esfuerzo ascendente en una vida y lo termina o lo alcanza sólo en su séptimo nacimiento sucesivo.

82. Deva (Sánsc.). Un dios, una divinidad "resplandeciente". Deva-Deus, de la raíz div, "brillar", "resplandecer". Un Deva es un ser celestial, sea bueno, sea malo o indiferente. Los Devas habitan "los tres mundos", o tres planos superiores al nuestro. Hay treinta y tres grupos o trescientos treinta millones de ellos. [Los Devas son en la India lo que los ángeles y arcángeles entre los cristianos. El príncipe de estos genios celestes o divinidades inferiores es Indra, rey del firmamento o cielo. Deva, como adjetivo, significa: divino, celeste, glorioso, resplandeciente, etc.]. (Para más datos consultar "Glosario teosófico", página 132 y siguientes, edición editorial ELA).

83. Se refiere al "yo" personal inferior.

No alabada por los hombres y humilde, es la madre de todos los Ríos, ante los orgullosos ojos del *Tîrthika*[84]; vacía la forma humana aunque esté llena de las dulces aguas de Amrita, ante los ojos de los tontos. Sin embargo, el lugar de nacimiento de los ríos sagrados es la tierra sagrada y quien tiene Sabiduría es honrado por todos los hombres.

Los *Arhans* y los Sabios de la *Visión ilimitada*[85] son raros, al igual que la flor del árbol *Udumbara*. Los *Arhans*, nacen a medianoche, junto con la planta sagrada de nueve y siete tallos[86], la flor sagrada que se abre y florece en la oscuridad, fuera del puro rocío y sobre el lecho helado de las alturas nevadas, alturas que no son pisoteadas por ningún pie pecaminoso.

Ningún *Arhan*, ¡Oh *Lanu*!, se vuelve tal, en ese nacimiento, cuando por primera vez el Alma comienza a anhelar la liberación final. Sin embargo, ¡Oh tú!, el ansioso, a ningún guerrero que se ofrece a luchar voluntariamente en la feroz lucha entre los vivos y los muertos[87] y a ningún recluta, se les puede negar el derecho de entrar en el Camino que conduce al campo de batalla.

Porque o vencerá o caerá.

Sí, si vence, el *Nirvana* será suyo. Antes de que arroje su sombra de su cuerpo mortal, esa causa preñada de angustia y dolor ilimitado, en él los hombres honrará a un gran y santo Buda.

Y si cae, no es en vano que caiga; los enemigos que mató en la última batalla no volverán a la vida en el próximo nacimiento suyo.

Pero si quieres alcanzar el *Nirvana* o desechar el premio[88], no dejes que el fruto de la acción y la inacción sea tu motivo, ¡Tú el del corazón intrépido!

Debes saber que el *Bodhisattva* que cambia la liberación por

---

84. Los Tîrthikas son los sectarios brahmánicos que viven "más allá" del Himalaya y son llamados "infieles", por los budistas en la tierra sagrada, el Tíbet y viceversa.
85. Visión ilimitada o visión psíquica y sobrehumana. A un Arhan, se le atribuye el mérito de "ver" y conocer todo, tanto a distancia como en el lugar.
86. La planta Shangna
87. Los "vivos" son el Yo Superior e inmortal y los "muertos", el yo personal inferior.
88. Ver Parte III.

la Renuncia, para vestir las miserias de la "Vida Secreta"[89], es llamado "tres veces Honrado", oh candidato al dolor a lo largo de los ciclos.

El *camino* es uno, ¡Oh discípulo!, pero al final es doble. Marcadas están sus etapas, por cuatro y siete Portales. En un extremo, la bienaventuranza inmediata y en el otro, la bienaventuranza diferida. Ambos merecen la recompensa: la elección es tuya.

El Uno se convierte en el dos, lo Abierto y lo Secreto[90]. El primero conduce a la meta, el segundo, a la Autoinmolación.

Cuando a lo Permanente se sacrifica lo Mutable, el premio es tuyo: la gota regresa de donde vino. El camino Abierto conduce al cambio inmutable: el *Nirvana*, el glorioso estado de Absolución, la Bienaventuranza más allá del pensamiento humano.

Así, el primer Camino es la liberación.

Pero el Segundo Camino es la renunciación y por eso se llama el "*Camino de la Aflicción*".

Ese Camino Secreto, lleva al *Arhan* a un dolor mental indescriptible; ¡Por los Muertos vivientes[91] y a un dolor kármico de piedad impotente por los hombres, fruto del *Karma* que los sabios no se atreven a calmar!

Porque está escrito: "Enseña a evitar todas las causas y de la onda del efecto, como del gran maremoto, dejarás de seguir su curso".

El "*Camino Abierto*", apenas hayas alcanzado su meta, te llevará a rechazar el *cuerpo bodhisattvico* y te hará entrar en el estado tres veces glorioso de *Dharmakâya*[92], que es el olvido del Mundo y de los hombres para siempre.

El "*Camino Secreto*" conduce también a la bienaventuranza Paranirvánica, pero al final de *Kalpas* sin número; los nirvanas se

---

89. La "Vida Secreta" es la vida como Nirmânakâya.
90. El "Camino Abierto" y el "Secreto", o el que se enseña al profano, el exotérico y el generalmente aceptado y el otro, el Camino Secreto, cuya naturaleza se explica en la iniciación.
91. Los hombres que ignoran las verdades y la Sabiduría Esotéricas, son llamados "los Muertos Vivientes".
92. Ver parte III.

ganan y se pierden debido a la piedad y a la compasión ilimitadas por el mundo de los mortales engañados.

Pero se dice: "Los últimos serán los más grandes", *Samyak Sambuddha*, el Maestro de la Perfección, entregó su Yo, para la salvación del mundo, deteniéndose en el umbral del *Nirvana*, el estado puro.

. . . .

Ahora tienes el conocimiento acerca de los dos Caminos. Llegará tu momento de elección, ¡Oh tú de Alma ansiosa!, cuando hayas llegado al final y hayas pasado los siete Portales. Tu mente estará clara. Ya no te enredarás en pensamientos engañosos, porque lo habrás aprendido todo. La verdad estará descubierta y te mirará severamente a la cara. Ella dirá:

"Dulces son los frutos del descanso y la liberación para el bien del Yo; pero más dulces aún son los frutos de un deber largo y amargo. Sí, la Renuncia por el bien de los demás, de los semejantes que sufren".

Él, que se convierte en un Buda Pratyeka[93], sólo rinde homenaje a su Ser. El *Bodhisattva* que ha ganado la batalla, que sostiene el premio en la palma de su mano, dice en su divina compasión:

"Por los demás doy esta gran recompensa" -realiza la Renuncia mayor-. Un Salvador del mundo es él.

. . . .

¡Mirad! La meta de la bienaventuranza y el largo Camino de la aflicción, están en el extremo más lejano. ¡Puedes elegir cualquiera de las dos, ¡Oh aspirante al Dolor!, a lo largo de los próximos ciclos...

Om Vajrapâni hum.

93. Los Budas Pratyeka son aquellos Bodhisattvas que se esfuerzan por alcanzar la túnica del Dharmakâya y a menudo, la alcanzan después de una serie de vidas. Sin preocuparse por los males de la humanidad ni por ayudarla, sino sólo por su propia bienaventuranza, entran en el Nirvâna y desaparecen de la vista y del corazón de los hombres. En el budismo del norte, un "Buda Pratyeka" es sinónimo de egoísmo espiritual.

FRAGMENTO III
Las Siete Puertas

"*Upâ dhyâya*[94], la elección está hecha, tengo sed de Sabiduría. Ahora has rasgado el velo ante el *Camino secreto* y has enseñado el *Yâna mayor*[95]. Tu sirviente aquí está listo para guiarte". Está bien, *Zrâvaka*[96]. Prepárate, porque tendrás que viajar solo. El Maestro sólo puede señalar el camino. El Camino es uno para todos, los medios para llegar a la meta deben variar según los peregrinos.

¿Cuál elegirás?, ¡Oh tú del corazón intrépido! ¿El *Samtan*[97] de la "Doctrina del ojo", el cuádruple *Dhyâna*, o abrirte camino a través de *Pâramitâs*[98], seis en número, nobles puertas de la virtud que conducen a *Bodhi* y a *Prajñâ*, séptimo paso de la Sabiduría?

El accidentado Sendero del cuádruple *Dhyâna*, serpentea cuesta arriba. Tres veces grande es el que sube a la cima.

Las alturas de *Pâramitâ*, son atravesadas por un camino aún más empinado. Tienes que abrirte camino a través de *siete portales*,

94. Upâdhyâya es un preceptor espiritual, un gurú. Los budistas del Norte los eligen generalmente entre los "Naljor", hombres santos, instruidos en el gotrabhû-ñâna y en el ñâna-dassana-suddhi, maestros de la Sabiduría Secreta.

95. Yâna: vehículo. Así Mahâyâna es el "Gran Vehículo" e Hînayâna, el "Vehículo Menor", los nombres de dos escuelas de aprendizaje religioso y filosófico en el budismo del Norte.

96. Zrâvaka: un oyente o estudiante que atiende a las instrucciones religiosas. De la raíz "Zru". Cuando de la teoría pasan a la práctica o la realización del ascetismo, se convierten en Zramanas, "ejercicios", de Zrama, acción. Como muestra Hardy, las dos denominaciones responden a las palabras akoustikoi y asketai de los griegos.

97. Samtan (tibetano): lo mismo que el sánscrito Dhyâna o estado de meditación, del cual existen cuatro grados.

98. Pâramitâs: las seis virtudes trascendentales; para los sacerdotes son diez.

siete fortalezas sostenidas por poderes crueles y astutos: las pasiones encarnadas.

Ten buen ánimo, discípulo; ten presente la regla de oro. Una vez que hayas pasado la puerta *Srotâpatti*[99], "aquel quien ha entrado en la corriente"; una vez que tu pie haya presionado el lecho de la corriente *nirvánica*, en esta vida o en cualquier vida futura, sólo te quedan otros siete nacimientos ante ti, ¡Oh tú de Voluntad adamantina!

Mira: ¿Qué ves ante tus ojos?, ¡Oh aspirante a la Sabiduría divina!

"El manto de oscuridad está sobre las profundidades de la materia y dentro de sus pliegues lucho. Bajo mi mirada se profundiza, Señor; se disipa bajo el movimiento de tu mano. Una sombra se mueve, arrastrándose como la serpiente que se enrosca... Crece, se hincha y desaparece en la oscuridad".

Es la sombra de ti mismo fuera del Camino, proyectada sobre la oscuridad de tus pecados.

"Sí, Señor; veo el CAMINO; su pie en el fango, sus cumbres perdidas en la gloriosa luz nirvánica. Y ahora veo los Portales cada vez más estrechos en el camino duro y espinoso hacia *Jñâna* [Conocimiento, Sabiduría]".

99. Srotâpatti (lit.): "aquel que ha entrado en la corriente" que conduce al océano Nirvánico. Este nombre indica el primer Camino. El nombre del segundo Camino, es el de Sakridâgâmin , "aquel que recibirá nacimiento (sólo) una vez más". El tercero se llama Anâgâmin, "aquel que ya no reencarnará", a menos que así lo desee para ayudar a la humanidad. El cuarto Camino se conoce como el de Rahat o Arhat. Este es el más alto. Un Arhat ve el Nirvâna durante su vida. Para él no se trata de un estado post-mortem, sino de Samâdhi, durante el cual experimenta toda la bienaventuranza nirvánica. [Lo poco que uno puede confiar en los orientalistas para las palabras y su significado exacto, se demuestra en el caso de tres "supuestas" autoridades. Así, los cuatro nombres que acabamos de explicar son dados por R. Spence Hardy, como: 1. Sowân; 2. Sakradâgâmi; 3. Anagâmi y 4. Arya. Por el Reverendo J. Edkins, se dan como: 1. Srôtâpanna; 2. Sagardagam; 3. Anagamin y 4. Arhan. Schlagintweit nuevamente los escribe de manera diferente y cada uno, además, da otra y nueva variación en el significado de los términos].

Ves bien, Lanu. Estos Portales conducen al aspirante a través de las aguas "hacia la otra orilla[100]. Cada Portal tiene una llave de oro que abre su puerta y estas claves son:

1. *Dâna*, la llave de la caridad y del amor inmortal.

2. *Shîla*, la llave de la Armonía en la palabra y en el acto, la llave que contrarresta la causa y el efecto y no deja más lugar a la acción Kármica.

3. *Kshânti,* la dulce paciencia, que nada puede alterar.

4. *Virâga*, la indiferencia hacia el placer y hacia el dolor, sólo cuando la ilusión es conquistada, la verdad es percibida.

5. *Vîrya*, la energía intrépida que se abre camino hacia la VERDAD suprema, fuera del fango de las mentiras terrestres.

6. *Dhyâna*, cuya puerta dorada una vez abierta conduce al *Naljor* [Un santo, un adepto] hacia el reino de *Sat* eterno y su incesante contemplación.

7. *Prajñâ*, la clave que convierte al hombre en un dios, haciéndolo un *Bodhisattva*, hijo de los *Dhyânis*.

Así son las llaves de oro para los Portales.

Antes de que puedas acercarte al último, ¡Oh tejedor de tu libertad!, debes dominar estos *Paramitâs* de perfección -las virtudes trascendentales en número seis y diez- a lo largo del cansado Sendero.

¡Oh discípulo! Antes de que fueras preparado para encontrarte con tu Maestro cara a cara, con tu MAESTRO, luz contra luz, ¿qué te dijeron?

Antes de que puedas acercarte a la puerta principal, debes aprender a separar tu cuerpo de tu mente, a disipar la sombra y a vivir en lo eterno. Para esto tienes que vivir y respirar en todo, como todo lo que percibes respira en ti; sentirte permanente en todas las cosas y a todas las cosas en el Yo.

No permitirás que tus sentidos conviertan tu mente en un patio de recreo.

No separarás tu ser del SER y de los demás, sino que te

---

100. " Llegar a la orilla" es para los budistas del Norte sinónimo de alcanzar el Nirvana, mediante el ejercicio de las seis y las diez Pâramitâs (virtudes).

fusionarás en el Océano en la gota, la gota dentro del Océano.

Así estarás en pleno acuerdo con todo lo que vive: ten amor a los hombres, como si fueran tus hermanos o tus compañeros, los discípulos de un mismo Maestro, los hijos de una misma dulce madre.

De profesores hay muchos; el ALMA-MAESTRA[101] es una, *Alaya*, el Alma Universal. Vive en ese MAESTRO como Su rayo en ti. Vive en tus semejantes como ellos viven en Él.

Antes de que estés en el umbral del Sendero; antes de cruzar la Puerta principal, debes fusionar los dos en Uno y sacrificar lo personal, al YO impersonal y así destruir el "camino" entre los dos: *Antahkarana*[102].

Tienes que estar preparado para responder al *Dharma*, la ley inflexible, cuya voz te preguntará en tu primer paso, en tu paso inicial:

"¿Has cumplido con todas las reglas?, ¡Oh tú de elevadas esperanzas!"

"¿Has sintonizado tu corazón y tu mente con la gran mente y con el gran corazón de toda la humanidad? Porque, así como la voz rugiente del río sagrado, por la cual todos los sonidos de la Naturaleza hacen eco[103], así debe ser el corazón de aquél que en la

101. El "ALMA MAESTRA" es Alaya, el Alma Universal o Âtman, cada hombre tiene un rayo en él y se supone que puede identificarse con él y fundirse en él.
102. Antahkarana es el Manas inferior, el Camino de la comunicación o comunión entre la personalidad y el Manas superior o Alma humana. Al morir, se destruye como Sendero o medio de comunicación y sus restos sobreviven en forma de Kâmarûpa, la "cáscara".
103. Los budistas del Norte y de hecho, todos los chinos, encuentran en el profundo rugido de algunos de los grandes y sagrados ríos, la nota clave de la Naturaleza. De ahí el símil. Es un hecho bien conocido en la ciencia física, así como en el ocultismo, que el sonido agregado de la naturaleza (como el que se escucha en el rugido de los grandes ríos, el ruido producido por las copas de los árboles ondulantes en los grandes bosques o el de una ciudad escuchada a distancia), es un tono bastante apreciable único y definido de una nota. Esto lo demuestran los físicos y los músicos. Así, el profesor Rice (Música china) muestra que los chinos reconocieron este hecho, hace miles de años diciendo que "las aguas del Hoang-ho, corriendo, entonaban el kung", llamado "el gran tono" en la música china y demuestra que este tono es correspondiente a la nota Fa, "considerada por los físicos modernos, como la tónica real de la Naturaleza". El profesor B. Silliman también lo menciona en sus Principios de física, diciendo que "este tono se considera el Fa medio del piano; por lo tanto, puede considerarse la nota clave de la naturaleza".

corriente quiere entrar, vibrando de emoción en respuesta a cada suspiro y pensamiento de todo lo que vive y respira".

Los discípulos pueden ser comparados con las cuerdas de la Vînâ, que hace eco al alma; la humanidad, a su caja de resonancia y la mano que lo arrastra, al melodioso aliento de la gran alma del mundo. La cuerda que no responde al toque del Maestro en dulce armonía con todas las demás, se rompe y se desecha. Así son las mentes colectivas de los *Lanu-Zrâvakas*. Tienen que estar en sintonía con la mente del *Upâdhyâya* (uno con el Alma Suprema) o separarse.

Así lo hacen los "Hermanos de la Sombra", los asesinos de sus almas, el temible clan *Dad-Dugpa*[104].

¿Has sintonizado tu ser con el gran dolor de la Humanidad?, ¡Oh candidato a la luz!

¿Lo has hecho?... Entonces, puedes entrar. Sin embargo, antes de poner un pie en el lúgubre Sendero del dolor, es mejor que primero aprendas los obstáculos de tu camino.

. . . .

Armado con la llave de la Caridad, del amor y de la tierna misericordia, estás seguro ante la puerta de *Dhâna*, la puerta que se encuentra a la entrada del sendero.

¡He aquí!, ¡Oh feliz Peregrino! El portal que se abre ante ti, es alto y ancho y parece de fácil acceso. El camino que pasa por allí, es recto, suave y verde. Es como un claro soleado en las profundidades de un bosque oscuro, un lugar en la tierra, reflejo del paraíso de Amitâbha. Allí, los ruiseñores de la esperanza y los pájaros de plumaje radiante, cantan encaramados en verdes enramadas, cantando sus éxitos a los intrépidos peregrinos. Cantan sobre las cinco

104. Los Bons o Dugpas, la secta de los "Gorros Rojos", son considerados los más versados en hechicería. Habitan el pequeño Tíbet y el Bután occidental. Todos ellos son *Tântrikas*. Es bastante ridículo encontrar orientalistas que han visitado las tierras fronterizas del Tíbet, como Schlagintweit y otros, confundiendo los ritos y prácticas repugnantes de éstos, con las creencias religiosas de los Lamas orientales, los "Gorros Amarillos" y sus Naljors u hombres santos. La nota siguiente es un ejemplo de ello.

virtudes de los *Bodhisattvas*, la quíntuple fuente del poder de *Bodhi* y los siete pasos del Conocimiento.

¡Puedes seguir! Porque tú has traído la llave y estás seguro. Y hasta la segunda puerta el camino, también es verde. Pero es empinado y serpentea cuesta arriba; sí, hasta su cima rocosa. Nieblas grises, cubrirán su altura áspera y pedregosa y más allá, todo estará oscuro. A medida que avanza, el canto de esperanza suena más débil en el corazón del peregrino. El estremecimiento de la duda, está ahora sobre él y su paso se hace cada vez menos firme.

¡Cuidado con esto!, ¡Oh candidato! Cuidado con el miedo que se extiende, como las alas negras y silenciosas de un murciélago de medianoche, entre la luz de la luna de tu Alma y tu gran meta que se vislumbra a lo lejos.

El miedo, ¡Oh discípulo!, mata la voluntad y detiene toda acción. Si falta la virtud de *Zîla*, el peregrino tropieza y los guijarros kármicos lastiman sus pies a lo largo del camino pedregoso.

Ten buen pie, ¡Oh candidato! En la esencia de *Kshânti* [Kshânti, "paciencia", ver más arriba en la enumeración de las llaves de oro] baña tu alma; porque ahora te acercas al portal de ese nombre, la puerta de la fortaleza y la paciencia.

No cierres los ojos ni pierdas de vista al *Dorje*[105]; las flechas de Mâra golpean siempre al hombre que no ha llegado a *Virâga* [Ibídem][106].

Cuidado con temblar. Bajo el aliento del miedo, la llave de *Kshânti* se oxida y la llave oxidada se niega a abrir.

---

105. Dorje es el Vajra sánscrito, un arma o instrumento en manos de algunos dioses (los Dragshed tibetanos, los Devas que protegen a los hombres) y se considera que tiene el mismo poder oculto de repeler las malas influencias purificando el aire, que el Ozono en la química. También es un Mudrâ, un gesto y postura, que se utiliza al sentarse para meditar. Es, en resumen, un símbolo de poder sobre las influencias malignas invisibles, ya sea como postura o como talismán. Los Bons o Dugpas, sin embargo, habiéndose apropiado del símbolo, lo utilizan indebidamente con fines de Magia Negra. Para los "gorros amarillos" o gelugpas, es un símbolo de poder, como la cruz lo es para los cristianos, aunque no es en modo alguno más "supersticioso". Para los Dugpas, es como el doble triángulo invertido, el signo de la brujería.

106. Virâga es ese sentimiento de absoluta indiferencia hacia el universo objetivo, hacia el placer y hacia el dolor. "Disgusto" no expresa su significado, pero es similar a él.

Cuanto más avances, más obstáculos encontrarán tus pies. El camino que conduce a la meta, está iluminado por un solo fuego: la luz de la audacia, que arde en el corazón. Cuanto más se atreva uno, más obtendrá. Cuanto más tema, más palidecerá esa luz y sólo esa puede guiarlo. Porque así como el persistente rayo de sol que brilla en la cima de una alta montaña, es seguido por la noche negra cuando se desvanece, así es la luz del corazón. Cuando desaparezca, una sombra oscura y amenazadora, caerá de tu propio corazón sobre el camino y clavará tus pies aterrorizados en el lugar.

¡Ten cuidado, discípulo, con esa sombra letal! Ninguna luz que brille desde el Espíritu, puede disipar las tinieblas del Alma inferior, a menos que todo pensamiento egoísta haya huido de allí y que el peregrino diga: "He renunciado a esta estructura pasajera; he destruido la causa y las sombras proyectadas, como efectos que son, ya no existen".

Porque ahora, ha tenido lugar la última gran pelea, la guerra final entre el *Yo Superior* y el *yo inferior*. He aquí, que el mismo campo de batalla está ahora sumergido en la gran guerra y ya no existe.

Pero una vez que has pasado la puerta de *Kshânti*, se da el tercer paso. Tu cuerpo es tu esclavo. Ahora, para el cuarto, prepara el Portal de las tentaciones que atrapan al hombre interior.

Antes de que puedas acercarte a esa meta, antes de que tu mano se levante para levantar el pestillo de la cuarta puerta, debes haber reunido todos los cambios mentales en tu Yo y haber matado al ejército de sensaciones de pensamiento que, sutiles e insidiosas, se arrastran sin ser solicitadas dentro de la brillante mente del santuario del Alma.

Si no quieres ser asesinado por ellas, entonces debes hacer inofensivas tus propias creaciones, los hijos de tus pensamientos, invisibles, impalpables, que pululan alrededor de la humanidad, la progenie y heredera del hombre y de sus despojos terrestres. Tienes que estudiar la vacuidad de lo que parece lleno, la plenitud de lo que parece vacío ¡Oh aspirante intrépido!, mira profundamente dentro del pozo de tu propio corazón y responde:

¿Conoces los poderes del Yo?, ¡Oh tú que percibes las sombras externas!

Si no es así, entonces estás perdido.

Porque, en el *Cuarto Camino*, la más ligera brisa de pasión o deseo agitará la luz constante sobre las paredes blancas puras del Alma. La más pequeña ola de anhelo o arrepentimiento por los regalos ilusorios de *Mâyâ*, a lo largo del *Antahkarana* -el camino que se encuentra entre tu Espíritu y tú mismo, la autopista de las sensaciones, los rudos provocadores de *Ahankâra*[107]-, un pensamiento, tan fugaz como el relámpago, te hará perder tus tres premios, los premios que has ganado.

Porque debes saber que lo ETERNO no conoce cambios.

"Abandona para siempre las ocho terribles miserias. Si no, no podrás llegar seguro a la sabiduría, ni tampoco a la liberación", dice el gran Señor, el *Tathâgata* de la perfección, "aquél que ha seguido los pasos de su predecesores"[108].

Severa y exigente es la virtud de *Virâga*. Si quieres dominar su camino, debes mantener tu mente y tus percepciones mucho más libres que antes de matar a la acción.

Tienes que saturarte de *Alaya* puro, volverte uno con el *Pensamiento Alma* de la Naturaleza. Siendo uno con ella eres invencible; en la separación, te conviertes en el patio de recreo de Samvriti[109], el origen de todos los engaños del mundo.

Todo es impermanente en el hombre, excepto la esencia pura y brillante de *Alaya*. El hombre es su rayo cristalino; un rayo

107. Ahankâra: el "yo" o sentimiento de la propia personalidad, el "yo-soy".

108. "Aquél que camina siguiendo los pasos de sus predecesores" o "de aquellos que vinieron antes que él", es el verdadero significado del nombre Tathâgata.

109. Samvriti es aquella de las dos verdades que demuestra el carácter ilusorio o vacío de todas las cosas. Es una verdad relativa en este caso. La escuela Mahâyâna enseña la diferencia entre estas dos verdades: Paramârthasatya y Samvritisatya (Satya, "verdad"). Ésta es la manzana de la discordia entre los Mâdhyamikas y los Yogâchâras, los primeros niegan y los segundos afirman que todo objeto existe debido a una causa previa o por una concatenación. Los Mâdhyamikas son los grandes Nihilistas y Negadores, para quienes todo es parikalpita, una ilusión y un error en el mundo del pensamiento y lo subjetivo, tanto como en el universo objetivo. Los Yogâchâras son los grandes espiritualistas. Samvriti, por lo tanto, como única verdad relativa, es el origen de toda ilusión.

de luz inmaculado en el interior, una forma de material arcilloso en la superficie inferior. Ese rayo, es tu guía de vida y tu verdadero Yo, el Observador y el Pensador silencioso, la víctima de tu yo inferior. Tu Alma no puede ser herida, sino a través de tu cuerpo sujeto al error; controla y domina ambos y estarás seguro cuando vayas a cruzar la cercana "*Puerta del Equilibrio*".

Ten buen ánimo, ¡Oh atrevido peregrino! En tu viaje "hacia la otra orilla". No prestes atención a los susurros de las huestes de Mâra; Despide a los tentadores, esos duendes de mal carácter, los celosos *Lhamayin*[109] en el espacio infinito.

¡Mantente firme! Ahora estás más cerca del portal del medio, la puerta del dolor, con sus diez mil trampas.

Ten dominio sobre tus pensamientos, ¡Oh luchador por la perfección!, si quieres cruzar su umbral.

Ten dominio sobre tu alma, ¡Oh buscador de verdades eternas!, si quieres alcanzar la meta.

Centra la mirada de tu Alma en la Luz Única y Pura, la Luz que está libre de afecto y usa tu *Llave dorada*.

. . . .

La lúgubre tarea está hecha, tu trabajo casi ha terminado. El amplio abismo que se abrió para tragarte está casi superado.

. . . .

Ahora has cruzado el foso que rodea la puerta de las pasiones humanas. Ahora has conquistado a *Mâra* y a su furiosa hueste.

Has quitado la contaminación de tu corazón y lo has sangrado del deseo impuro. Pero, ¡Oh glorioso combatiente!, tu tarea aún no ha terminado. Construye alto, *Lanu*, el muro que rodeará la Isla Sagrada [El *Yo Superior* o el Yo Pensante], la presa que protegerá tu mente del orgullo y la satisfacción ante los pensamientos de la gran hazaña lograda.

109. Los Lhamayin, son elementales, espíritus malignos adversos a los hombres que son sus enemigos.

Un sentimiento de orgullo estropearía el trabajo. Sí, constrúyela fuerte, no sea que la feroz avalancha de olas que la golpean, que suben y llegan a ella desde el gran Océano del Mundo *Mâyâ*, se traguen al peregrino e incluso a la isla, cuando se haya logrado la victoria.

Tu "Isla", es el ciervo; tus pensamientos, los perros que la cansan y persiguen en su progreso hacia la corriente de la Vida. ¡Ay del ciervo que es alcanzado por los demonios que ladran antes de llegar al Valle del Refugio -*Jñâna Mârga*- llamado el "camino del conocimiento puro!".

Antes de que puedas establecerte en el Jñâna Mârga[110] y llamarlo tuyo, tu Alma tiene que volverse como el fruto maduro del mango: tan suave y dulce como su brillante pulpa dorada para los males de los demás, tan dura como el hueso de ese fruto para tu propia agonía y dolores, ¡Oh Conquistador del Bien y del dolor!

Endurece tu alma contra las trampas del Yo y merece por ello el nombre de "Alma de diamante"[111].

Porque, así como el diamante enterrado profundamente en el

110. Jñâna-Mârga es el "Camino de Jñâna", literalmente; o el Camino del conocimiento puro de Paramârtha o (sánscrito) Svasamvedana "la reflexión autoevidente o autoanálisis". *Dice el Glosario teosófico:* Jñâna o Jñânam (Sáncs.). Esta palabra la escriben también algunos en su transliteración: Gnâna, Gñâna, Gnyâna, Jhâna, Dnyan, Djnâna, Djñâna, etc. Literalmente, "conocimiento"; esotéricamente, "conocimiento supremo o divino", adquirido mediante el Yoga. Es el conocimiento aplicado a las ciencias esotéricas; conocimiento, sabiduría oculta. [La voz jñâna significa en general: conocimiento, saber, inteligencia, comprensión, percepción, conciencia, etc.; pero se ha hecho una distinción importante entre jñâna y vijñâna, designando con el primero de estos nombres el conocimiento adquirido por medio de los libros o de las enseñanzas orales del guru (maestro); mientras que con el segundo se expresa el conocimiento superior, intuitivo, la visión con los ojos del alma o percepción espiritual. Véase: Vijñâna e Intuición]. (Para más datos consultar "Glosario teosófico", página 250 y siguientes, edición editorial ELA).
Dice el Glosario teosófico: Jñâna-mârga (Dynan Mârga) (Sáncs.). Sendero del conocimiento. Uno de los senderos de perfección. Véase: Jñâna-yoga)
Jñâna-yoga (Sánsc.). Yoga, devoción o sendero de conocimiento o de sabiduría. Unión con la Divinidad mediante el conocimiento espiritual. Este yoga consiste en el completo dominio de los sentidos y de la mente, haciendo que ésta se concentre y fije en la contemplación del omnisciente Espíritu para recibir de Él la iluminación. (Para más datos consultar "Glosario teosófico", página 251 y siguientes, edición editorial ELA).
111. Ver notas de la Parte II, Número 55. "Alma-Diamante" o Vajradhara preside a los Dhyâni-Budas.

palpitante corazón de la tierra, nunca podrá reflejar las luces terrenales; así ocurrirá con tu mente y con tu alma; que sumergidos en el *Jñâna Mârga*, no deben reflejar nada del reino ilusorio de *Mâyâ*.

Cuando has alcanzado ese estado, los Portales que tienes que conquistar en el Sendero se abren de par en par, para dejarte pasar y los poderes más fuertes de la Naturaleza no tienen fuerza para alterar tu rumbo. Serás amo del séptuple Sendero, pero no hasta entonces, ¡Oh candidato a las pruebas que superan las palabras!

Hasta entonces, te espera aún una tarea mucho más difícil: debes sentirte como TODO PENSAMIENTO y sin embargo, desterrar todos los pensamientos de tu Alma.

Tienes que alcanzar esa fijeza mental en la que ninguna brisa, por fuerte que sea, pueda llevar un pensamiento terrenal a tu interior. Así purificado, el santuario debe estar vacío de toda acción, sonido o luz terrenal; así como la mariposa, alcanzada por la escarcha, cae sin vida en el umbral, así todos los pensamientos terrenales deben caer muertos ante el templo.

Aquí está escrito:

"Antes de que la llama de oro pueda arder con luz constante, la lámpara debe estar bien protegida en un lugar libre de todo viento". [Bhagavad Gîtâ].

Expuesta a la brisa cambiante, la luz parpadeará y la llama temblorosa, proyectará sombras engañosas, oscuras y siempre cambiantes, en el santuario blanco del Alma.

Y entonces, ¡Oh tú, buscador de la verdad!, tu Mente-Alma se volverá como un elefante loco que ruge en la jungla, que confundiendo los árboles del bosque con enemigos, muere en sus intentos de matar las sombras, en constante cambio, que bailan en la pared de las rocas iluminadas por el sol.

Ten cuidado, no sea que, en el cuidado del Yo, tu Alma pierda su punto de apoyo en el suelo del conocimiento del *Deva*.

Ten cuidado, no sea que al olvidarte de tu Yo, tu Alma pierda el control de su mente temblorosa y pierda así el fruto debido de sus conquistas.

¡Cuidado con el cambio! Porque el cambio es tu gran enemigo. Este cambio te combatirá y te arrojará hacia atrás, fuera del Sendero que recorres, hacia lo profundo de los viscosos pantanos de la duda.

¡Prepárate y permanece atento! Si lo has intentado y has fracasado, ¡Oh luchador intrépido!, no pierdas el valor: sigue luchando y vuelve a la carga una y otra vez.

El guerrero intrépido, cuya preciosa sangre vital brota de sus amplias y abiertas heridas, seguirá atacando al enemigo, expulsándolo de su fortaleza, venciéndolo, antes de que él mismo muera. Que quienes fracasan y sufren, actúen como él y desde la fortaleza de su Alma, ahuyenten a todos sus enemigos (la ambición, la ira, el odio, incluso hasta la sombra del deseo) aún cuando hayan fracasado.

Recuerda, ¡tú que luchas por la liberación del hombre[112]!, que cada fracaso es un éxito y que cada intento sincero, obtiene su recompensa con el tiempo. De los santos gérmenes que brotan y crecen invisibles en el alma del discípulo, sus tallos se fortalecen en cada nueva prueba, se doblan como cañas, pero nunca se rompen, ni pueden perderse jamás. Y cuando llega la hora, florecen[113].

. . . .

112. Esta es una alusión a una creencia bien conocida en Oriente (y también en Occidente, por cierto) de que cada Buda o Santo, es un nuevo soldado en el ejército de aquellos que trabajan por la liberación o salvación de la humanidad. En los países budistas del norte, donde la doctrina de los Nirmânakâyas, esos Bodhisattvas que renuncian al bien ganado Nirvâna o a la vestidura del Dharmakâya (que los excluyen para siempre del mundo de los hombres) para ayudar invisiblemente a la humanidad y conducirla finalmente al Paranirvâna, se enseña, que cada nuevo Bodhisattva o gran Adepto iniciado, es llamado el "liberador de la humanidad". La afirmación hecha por Schlagintweit en su "Budismo en el Tíbet" en el sentido de que Prulpai Ku o "Nirmânakâya" es "el cuerpo en el que los Budas o Bodhisattvas aparecen sobre la tierra para enseñar a los hombres", es absurdamente inexacta y no explica nada.
113. Una alusión a las pasiones y a los pecados humanos, que son sacrificados durante las pruebas del noviciado y que sirven como suelo bien fertilizado en el que pueden germinar los "gérmenes santos" o las semillas de las virtudes trascendentales. Las virtudes, talentos o dones preexistentes o innatos, se consideran adquiridos en un nacimiento anterior. El genio es sin excepción un talento o aptitud traído de otro nacimiento.

Pero si vienes preparado, no temas.

. . . .

De ahora en adelante, tu camino está despejado a través de la puerta Vîrya, el quinto de los Siete Portales. Ahora estás en el camino que conduce al refugio *Dhyâna*, el sexto, el Portal *Bodhi*.

La puerta *Dhyâna*, es como un vaso de alabastro, blanco y transparente y dentro arde un constante fuego dorado, la llama de *Prajñâ*, que irradia desde el *Âtman*.

Tú eres ese jarrón.

Te has alejado de los objetos de los sentidos, has viajado por el "Camino de la vista", por el "Camino del oído" y estás en la luz del Conocimiento. Ahora has alcanzado el estado *Titikshâ*[114].

¡Oh Naljor!, estás a salvo.

. . . .

Debes saber, ¡Conquistador de los Pecados!, que una vez que un *Sowani*[115] ha cruzado el séptimo Sendero, toda la Naturaleza se estremece con gozoso asombro y se siente sometida. La estrella de plata ahora transmite la noticia a las flores nocturnas, el arroyo transmite la historia a los guijarros; las oscuras olas del océano lo harán rugir contra las rocas, las brisas cargadas de aromas lo cantarán a los valles y los majestuosos pinos susurrarán misteriosamente: "Ha surgido un Maestro, un maestro del día"[116].

Él se alza ahora como un pilar blanco hacia el oeste, sobre cuya faz el Sol naciente del pensamiento eterno, derrama sus primeras y más gloriosas ondas. Su mente, como un océano en calma e ilimitado, se extiende en un espacio sin límites. Él tiene la vida y la muerte en su mano fuerte.

114. Titikshâ es el quinto estado del Râja Yoga, un estado de suprema indiferencia; con sumisión, si es necesario, a lo que se llama "placeres y dolores para todos", pero sin obtener ni placer ni dolor de dicha sumisión; en resumen, volverse física, mental y moralmente, indiferente e insensible al placer o al dolor.

115. Sowani, es aquel que practica Sowan, el primer camino en Jñâna, un Srotâpatti.

116. "Día", significa aquí todo un Manvantara, un período de duración incalculable.

Sí, Él es poderoso. El poder viviente liberado en él, ese poder que es él mismo, puede elevar el tabernáculo de la ilusión muy por encima de los dioses, por encima de los grandes Brahm e Indra. ¡Ahora alcanzará con seguridad su gran recompensa!

¿No utilizará los dones que se le confieren, para su propio descanso y dicha, para su bienestar y gloria bien ganados, él, el dominador del gran Engaño (o la gran ilusión)?

¡No!, ¡Oh candidato a la sabiduría oculta de la Naturaleza! Si uno sigue los pasos del santo Tathâgata, esos dones y poderes no son para su persona.

¿Contendrías así las aguas nacidas en el *Sumeru*?[117]

¿Desviarás la corriente por tu propio bien o la devolverás a su fuente principal a lo largo de las crestas de los ciclos?

Si quieres que esa corriente de conocimiento adquirido con tanto esfuerzo, de Sabiduría nacida del cielo, siga siendo como un agua dulce y corriente, no debes dejar que se convierta en un estanque cenagoso.

Debes saber, que si deseas convertirte en colaborador de Amitâbha, la "Edad Ilimitada", entonces debes derramar la luz adquirida, como los dos *Bodhisattvas*[118], sobre la extensión de los tres mundos[119].

Debes saber, que la corriente de conocimiento sobrehumano y la Sabiduría del Deva que has obtenido, debe, desde tí, el canal de Alaya, derramarse hacia otro lecho.

Debes saber, ¡Oh *Naljor*!, que del Sendero Secreto, sus aguas puras y frescas deben usarse para endulzar las amargas olas del Océano, ese poderoso mar de dolor formado por las lágrimas de los hombres.

117. Monte Meru, la montaña sagrada de los dioses.
117. En la simbología budista del Norte, se dice que Amitâbha o el "Espacio Ilimitado" (Parabrahm) tiene en su paraíso a dos Bodhisattvas, Kwan-shi-yin y Tashishi, que siempre irradian luz sobre los tres mundos en los que vivieron, incluido el nuestro, para ayudar con esta luz (del conocimiento) en la instrucción de los yoguis, quienes, a su vez, salvarán a los hombres. Su exaltada posición en el reino de Amitâbha, se debe a los actos de misericordia realizados por los dos, como tales yoguis, cuando estuvieron en la tierra, según dice la alegoría.
118. Estos tres mundos son los tres planos del ser, el terrestre, el astral y el espiritual.

¡Qué lástima!, una vez que te hayas vuelto como la estrella fija en el cielo más alto, ese brillante orbe celestial que debe brillar desde las profundidades espaciales para todos excepto para sí mismo; dale luz a todos, pero no se la quites a nadie.

¡Qué lástima!, cuando una vez te hayas vuelto como la nieve pura en los valles de las montañas, fría e insensible al tacto, cálida y protectora para la semilla que duerme profundamente bajo su seno, ahora es esa nieve la que debe recibir la escarcha cortante, las ráfagas del norte, protegiendo así de sus dientes afilados y crueles, la tierra que contiene la cosecha prometida, la cosecha que alimentará a los hambrientos.

Auto-condenado a vivir futuros Kalpas [Ciclos de edades], sin ser percibido ni reconocido por el hombre; encajado como una piedra con otras innumerables piedras que forman el "Muro Guardián"[119], tal es tu futuro si pasas la séptima puerta. Construido por las manos de muchos Maestros de la Compasión, levantado por sus torturas, por su sangre cementada, protege a la humanidad, desde que el hombre es hombre, protegiéndola de una miseria y un dolor mucho mayores.

Sin embargo, el hombre no lo ve, no lo percibirá, ni prestará atención a la palabra de Sabiduría... porque él no lo sabe.

Pero tú la has oído, lo sabes todo, ¡Oh tú, de alma ansiosa e inocente!... y debes elegir. Entonces escucha una vez más.

En el Camino de *Sowan*, ¡oh *Srotâpatti*! [Sowan y Srotâpatti son términos sinónimos], estás seguro. Sí, en esa *Mârga* ["Camino"], donde nada más que oscuridad encuentra al cansado peregrino, donde las manos desgarradas por las espinas gotean sangre, los pies son cortados por pedernales afilados e inflexibles y *Mâra* empuña sus brazos más fuertes, hay una gran recompensa inmediatamente más allá.

Tranquilo e impasible, el Peregrino se desliza río arriba por

---

119. El "Muro Guardián" o el "Muro de Protección". Se enseña que los esfuerzos acumulados de largas generaciones de yoguis, santos y adeptos, especialmente de los Nirmânakâyas, han creado, por así decirlo, un muro de protección alrededor de la humanidad, que la protege invisiblemente de males aún peores.

la corriente que conduce al *Nirvana*. Sabe que cuanto más sangren sus pies, más blanco quedará él mismo. Él sabe bien, que después de siete nacimientos breves y fugaces, el *Nirvana* será suyo...

Tal es el Camino de *Dhyâna*, el refugio del yogui, la meta bendita que anhelan los *Srotâpattis*. No es así cuando ha cruzado y ganado el *Camino Aryahata*. [Del sánscrito *Arhat* o *Arhan*]

Allí, *Klesa*[120] es destruida para siempre y las raíces de *Tanhâ*[121], arrancadas. Pero espera, discípulo... una palabra más: ¿Puedes destruir la compasión divina? La compasión no es un atributo. Es la LEY de las leyes –la Armonía eterna, el YO de *Alaya*-; una esencia universal sin fronteras, la luz de la justicia eterna y la idoneidad de todas las cosas, la ley del amor eterno.

Cuanto más te vuelvas uno con él, con tu ser fundido en su SER, cuanto más se una tu Alma con aquello que ES, más te volverás la *Compasión Absoluta*[122].

Tal es el Camino *Arya,* el Camino de los Budas de la perfección.

Sin embargo, ¿qué significan los pergaminos sagrados que te hacen decir?

"¡Om! Creo que no son todos los *Arhats* los que obtienen del Camino Nirvánico, la dulce fruición".

"¡Om! Creo que no todos los Budas entran en el *Nirvana-Dharma*"[123]. [*Thegpa Chenpoido, "Mahâyâna Sûtra," Invocaciones a los Budas de la Confesión". Parte 1, iv.*]

"Sí; en el Camino *Arya*, ya no eres *Srotâpatti*, eres un *Bodhisattva*[124]. La corriente ha sido cruzada. Es cierto que tienes

120. Klesa, es el amor por el placer o el disfrute mundano, sea bueno o malo.
121. Tanhâ, es la voluntad de vivir, lo que provoca el renacimiento.
122. Esta "compasión" no debe considerarse de la misma manera que "Dios, el amor divino" de los teístas. La compasión se presenta aquí como una ley abstracta e impersonal, cuya naturaleza, al ser la Armonía absoluta, se ve confundida por la discordia, el sufrimiento y el pecado.
123. En la fraseología budista del Norte, todos los grandes Arhats, Adeptos y Santos son llamados Budas.
124. Un Bodhisattva es, en la jerarquía, menos que un "Buda perfecto". En el lenguaje exotérico, estos dos, son muy confundidos. Sin embargo, la percepción popular innata y correcta, debido a ese auto-sacrificio, ha colocado a un Bodhisattva en un lugar de mayor reverencia que a un Buda.

derecho a la vestimenta del *Dharmakâya*; pero el *Sambhogakâya* es mayor que un *Nirvânî* y aún mayor es un *Nirmânakâya*, el *Buda de la Compasión*[125].

Ahora inclina la cabeza y escucha atentamente, ¡Oh *Bodhisattva*! La compasión habla y dice: "¿Puede haber bienaventuranza cuando todo lo que vive debe sufrir? ¿Serás salvo y escucharás llorar al mundo entero?".

Ahora has oído lo que ha sido dicho.

125. Esta misma reverencia popular llama "Budas de la Compasión" a aquellos Bodhisattvas que, habiendo alcanzado el rango de Arhat (es decir, habiendo completado el cuarto o séptimo Camino), se niegan a pasar al estado Nirvánico o "vestirse con la túnica del Dharmakâya y a cruzar al otra orilla", ya que entonces estaría más allá de su poder ayudar a los hombres, incluso tan poco como el Karma lo permita. Prefieren permanecer invisibles (en Espíritu, por así decirlo) en el mundo y contribuir a la salvación del hombre influyéndolo para que siga la Buena Ley, es decir, conduciéndolo por el Camino de la Justicia. Es parte del budismo exotérico del Norte, honrar a todos estos grandes personajes como santos e incluso ofrecerles oraciones, como lo hacen los griegos y los católicos a sus santos y patrones; por otra parte, las enseñanzas esotéricas no toleran tal cosa. Hay una gran diferencia entre las dos enseñanzas. El profano exotérico apenas conoce el verdadero significado de la palabra Nirmânakâya; de ahí la confusión y las explicaciones inadecuadas de los orientalistas. Por ejemplo, Schlagintweit, cree que Nirmânakâya -cuerpo significa la forma física asumida por los Budas cuando encarnan en la tierra - "el menos sublime de sus gravámenes terrenales" (ver " Budismo en el Tíbet") - y procede a dar una visión completamente falsa. sobre el tema. La verdadera enseñanza es, sin embargo, esta: Los tres cuerpos o formas búdicas se denominan: 1. Nirmânakâya. 2. Sambhogakâya y 3. Dharmakâya.

La primera es esa forma etérea que uno asumiría al salir de su cuerpo físico y aparecer en su cuerpo astral, teniendo además todos los conocimientos de un Adepto. El Bodhisattva lo desarrolla en sí mismo a medida que avanza en el Sendero. Habiendo alcanzado la meta y rechazado su realización, permanece en la Tierra, como Adepto y cuando muere, en lugar de entrar en el Nirvâna, permanece en ese cuerpo glorioso que él mismo ha tejido, invisible para la humanidad no iniciada, para velar por ella y protegerla.

Sambhogakâya es lo mismo, pero con el brillo adicional de las "tres perfecciones", una de las cuales es la eliminación total de todas las preocupaciones terrenales.

El cuerpo del Dharmakâya, es el de un Buda completo, es decir, ningún cuerpo en absoluto, sino un aliento ideal: la Conciencia fundida en la Conciencia Universal o el Alma desprovista de todo atributo. Una vez que un Dharmakâya, un Adepto o Buda, deja atrás toda relación o pensamiento posible con esta tierra. Así, para poder ayudar a la humanidad, un Adepto que ha ganado el derecho al Nirvâna, "renuncia al cuerpo Dharmakâya" en lenguaje místico; conserva, del Sambhogakâya, sólo el gran y completo conocimiento y permanece en su cuerpo Nirmânakâya. La escuela esotérica enseña que Gautama Buda, con varios de sus Arhats, es un Nirmânakâya, superior al cual, debido a la gran renunciación y sacrificio a la humanidad, no se conoce ninguno.

Alcanzarás el séptimo paso y cruzarás la puerta del conocimiento final, pero sólo para casarte con el infortunio; si quieres ser Tathâgata, sigue los pasos de tu predecesor y permanece altruista hasta el fin sin fin.

Ya estás iluminado: elige tu camino.

· · · · · · · · ·

He aquí la suave luz que inunda el cielo oriental. En signos de alabanza se unen el cielo y la tierra. Y de los cuádruples Poderes manifestados, surge un canto de amor, tanto del Fuego llameante y del Agua que fluye, como de la Tierra de dulce olor y del Viento impetuoso.

¡Escucha con atención!... Desde el profundo e insondable vórtice de esa luz dorada en la que se baña el Vencedor, la voz muda de TODA LA NATURALEZA en mil tonos surge para proclamar:

Alegría para vosotros, ¡oh hombres de *Myalba!*[126].

Un peregrino ha regresado "de la otra orilla".

Ha nacido un nuevo *Arhan*[127]...

Paz a todos los *seres*.[128]

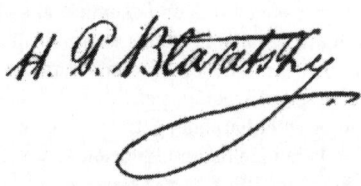

---

126. Myalba es nuestra tierra, acertadamente llamada "Infierno" y el mayor de todos los infiernos por la escuela esotérica. La doctrina esotérica no conoce ningún infierno ni lugar de castigo más que en un planeta o tierra habitados por hombres. Avîchi es un estado y no una localidad.

127. Lo que significa que nace un nuevo y adicional Salvador de la humanidad, que conducirá a los hombres al Nirvâna final, es decir, después del final del ciclo vital.

128. Ésta es una de las variaciones de la fórmula que invariablemente sigue a todo tratado, invocación o Instrucción. "Paz a todos los seres", "Bendiciones para todo lo que vive", etc., etc.

Glosario de términos

Âdi-Buddha (Sánsc.). El primero y supremo Buddha (no reconocido en la Iglesia del Sur). La Luz eterna. (Para más datos consultar "Glosario teosófico", página 25 y siguientes, edición editorial ELA).

Alaya: Alaya (Sánsc.). El Alma universal o Anima mundi. (Véase: Doctr. Secr., I, pag. 80 y siguientes). Este nombre pertenece al sistema Tibetano de la Escuela contemplativa Mahâyâna. Idéntico al Akaza en su sentido místico y al Mulaprakriti, en su esencia, como base y raíz que es de todas las cosas. [Alaya es el "Alma-Maestro", el Alma universal o Âtman, de la que cada hombre tiene dentro de sí mismo un rayo, con la cual puede identificarse y en la cual puede sumirse. (Glosario Teosófico). Véase: Anima Mundi en el Glosario Teosófico.

Alma (Soul, en el original). El psyche o nephesh de la Biblia; el principio vital o soplo de vida que todo animal, desde el infusorio, comparte con el hombre. En la Biblia traducida, dicha palabra significa indistintamente vida, sangre y alma. "No matemos su nephesh", dice el texto original; "no le matemos", traducen los cristianos (Génesis, XXXVII, 21) y así sucesivamente. [El Alma, o sea el hombre propiamente dicho, es el intelecto humano, el eslabón entre el Espíritu divino del hombre y su personalidad inferior. Es el Ego, el individuo, el Yo, que se desarrolla por medio de la evolución. En lenguaje teosófico, es el Manas, el Pensador. La mente es la energía de éste, que está obrando dentro de las limitaciones del cerebro físico. A. Besant, Sabiduría Antigua]. [Véase: Anima y Antahkarana]. (Para más datos consultar "Glosario teosófico", página 34 y siguientes, edición editorial ELA).

Arhat o Arahat (Sánsc.). Se pronuncia y escribe también: Arhat, Arhan, Rahat, etc., "el digno", literalmente: "que merece honores divinos". Este era el nombre que se dió primero a los santos jainas y posteriormente a los santos budistas iniciados en los misterios esotéricos. El Arhat es aquel que ha entrado en el mejor y supremo sendero, librándose así del renacimiento. [El Arhat es el iniciado del grado superior; esto es, el que ha alcanzado la cuarta y última iniciación; aquel que pasa por ella se convierte en Adepto].

Arjuna (Sánsc.). Literalmente, el "blanco". Tercero de los cinco hermanos Pândavas, o sea el celebrado hijo de Indra (esotéricamente, lo mismo que Orfeo). Discípulo de Krichna, que le visitó; casóse con su hermana Subhadrâ, además de tener muchas otras esposas, según la alegoría. Durante la guerra fratricida entre los Kurús y los Pândavas, Krichna le instruyó en la suprema filosofía, mientras desempeñaba el papel de conductor de su carro. (Véase: Bhagavad-Gîtâ, editorial ELA). [Arjuna, tercero de los príncipes pândavas, era hijo de Pându y Prithâ o Kuntî, por otro nombre. Pero propiamente, Pându sólo era padre putativo de Arjuna, puesto que este príncipe fue místicamente engendrado por el dios Indra. En el Bhagavad-Gîtâ, Arjuna representa el hombre (como lo prueba el significado mismo de la voz Nara "hombre", que es una de las denominaciones con que se designa a dicho príncipe), o mejor dicho, la Mónada humana en evolución, así como Krichna era representación del Espíritu que le guía e ilumina y el hecho de dar Krichna su propia hermana Subhadrâ en matrimonio a Arjuna, simboliza la unión entre la luz del Logos y la Mónada humana]. (Extraído del "Glosario teosófico", página 55, edición editorial ELA).

Âryâsanga o Âryasangha (Sánsc.). Fundador de la primera escuela Yogâchârya. Este Arhat, discípulo directo de Gautama el Buddha, es confundido de la manera más extraña con un personaje del mismo nombre, del cual se dice que había vivido en Ayodhya (la moderna Oude) hacia el siglo V o VI de nuestra era y enseñó el culto tántrico y por añadidura el sistema Yogâchârya. Aquellos que intentaban hacerle popular pretendían que era el mismo Âryasangha, que había sido uno de los discípulos de Zâkyamuni y que tenía mil años de edad. La evidencia interna por sí sola es bastante para demostrar que las obras escritas por él y traducidas alrededor del año 600 de nuestra era -obras atestadas de culto, ritualismo y dogmas tántricos, seguidos actualmente en gran escala por las sectas de los "casquetes rojos" de Sikhim, Bhutân y Pequeño Tíbet- no pueden ser lo mismo que el sublime sistema de la primitiva escuela

Yogâchârya de budismo puro, que no es del Norte ni del Sud, sino absolutamente esotérico. Aunque ninguno de los genuinos libros de la escuela Yogâchârya (el Narjol chodpa) se haya hecho jamás público ni vendible, sin embargo, en el Yogâchârya-Bhâmi Zâstra del seudo-Âryasangha se encuentra mucho del sistema más antiguo, en cuyas doctrinas puede él haber sido iniciado. No obstante, se halla tan mezclado con Zivaísmo y con magia y supersticiones tántricas, que la obra deja de conseguir su propio objeto, a pesar de su notable sutileza dialéctica. Cuán poco dignas de confianza son las conclusiones a que llegan nuestros orientalistas y cuán contradictorias son las fechas por ellos asignadas, puede uno verlo en el caso que estamos tratando. Mientras Csoma Körös (quien, dicho sea de paso, nunca trabó conocimiento con los Gelupka "Casquetes amarillos", pero adquirió toda su información de los "Casquetes rojos", lamas del país limítrofe), pone al seudo-Âryasangha en el séptimo siglo de nuestra era, Wassiljew, que pasó en la China la mayor parte de su vida, prueba que él vivió mucho antes; y Wilson (véase: Real Sociedad Asiática, tomo VI, pág. 240), hablando del período en que fueron escritas las obras de Âryasangha, que están aún en sánscrito, cree ahora "demostrado que fueron escritas, lo más tarde, desde un siglo y medio antes a otro tanto después de la era cristiana". Sea como fuere, desde el momento en que está fuera de duda que las obras religiosas Mahâyana fueron escritas todas ellas mucho antes del tiempo de Âryasangha -sea que él viviese en el "segundo siglo antes de J.C." o en el "séptimo después de J.C."- y que ellas contenían todas y muchas más de las doctrinas fundamentales del sistema Yogâchârya, tan desfigurado por el imitador ayodhyano, dedúcese de ello que debe de existir en alguna parte una auténtica exposición libre del Zivaísmo popular y de magia negra. (Extraído del "Glosario teosófico", página 55, edición editorial ELA).

Âtma-jñâni (o Âtmagnyani) (Sánsc.). El conocedor del Alma del mundo o del Âtman [Yo o Espíritu] en general. [Conocedor del Âtmân, del YO único universal o Espíritu del Universo. (Nota de la ed. española)]. (Para más datos consultar "Glosario teosófico", página 63 y siguientes, edición editorial ELA).

Âtman (Sánsc.). El Espíritu universal, la Mónada divina, el séptimo Principio, así llamado, en la constitución septenaria del hombre. El Alma suprema. [El Espíritu, el Yo, el Yo superior o verdadero Yo. Âtman significa también: naturaleza, carácter, esencia, vida, aliento, corazón, alma, mente, inteligencia, pensamiento, hombre, el yo inferior, el cuerpo; ser, existencia, etcétera. Como adjetivo significa: propio, suyo, de uno mismo, etc. (Véase: Âtma en el Glosario teosófico)]. (Extraído del "Glosario teosófico")

Avalokitezvara (Sánsc.). "El Señor que mira". En su interpretación exotérica, es Padmapâni (el portador del loto y el hijo del loto) en el Tíbet, el primer antecesor divino de los Tibetanos, la completa encarnación o Avatar de Avalokitezvara; pero en la filosofía esotérica, Avaloki, el "mirador" [que mira abajo], es el Yo superior [el Espíritu divino en el hombre], mientras que Padmapâni es el Ego superior o Manas. La fórmula mística "Om mani padme hum" es usada especialmente para implorar su ayuda combinada. En tanto que la fantasía popular reclama para Avalokitezvara numerosas encarnaciones en la tierra y ve en él, no muy erróneamente, el guía espiritual de todo creyente, la interpretación esotérica ve en él al Logos, a la vez celestial y humano. Así, pues, cuando la escuela Yogâchârya ha declarado a Avalokitezvara como Padmapâni "ser el Dhyâni Bodhisattva de Amitâbha Budha", esto es verdaderamente porque el primero es el reflejo espiritual en el mundo de formas del último, siendo ambos uno: uno en el cielo, el otro en la tierra. [Es el segundo Logos, Padmapâni o Chenresi, en el Budismo del Norte. Annie Besant, La Sabiduría Antigua]. (Para más datos consultar "Glosario teosófico", página 65 y siguientes, edición editorial ELA).

Bodhi o Sambhodi (Sánsc.). Inteligencia receptiva, en contraposición a Buddhi, que es la potencialidad de la inteligencia. [La sabiduría perfecta, la ciencia sagrada, iluminación; el árbol del conocimiento o del saber]. (Extraído del "Glosario teosófico", página 81, edición editorial ELA).

Bodhisattva (Sánsc.). Literalmente: "Aquel cuya esencia (sattva) se ha vuelto inteligencia (bodhi)", aquel a quien falta sólo una encarnación más para llegar a ser Buddha perfecto, esto es, para tener derecho al *Nirvana*. Este, como aplicado a los Buddhas Manuchi (terrestres). En sentido metafísico, Bodhisattva es un título que se da a los hijos de los Dhyâni Buddhas celestes. [El que posee el don o cualidad de Bodhi (sabiduría suprema o iluminación). En el orden jerárquico, el Bodhisattva es inferior al "Buddha perfecto". En el lenguaje exotérico se confunden mucho estos dos términos. Sin embargo, el innato y justo sentimiento popular, por razón del gran sacrificio que de sí mismo ha hecho el Bodhisattva, en su respetuosa estimación ha colocado a éste en lugar más eminente que al Buddha. En los países búdicos del Norte, cada nuevo Bodhisattva, o gran Adepto iniciado, recibe el nombre de "libertador de la humanidad". ("Glosario teosófico", página 81, edición editorial ELA).

Brahm o Brahma (Sánsc.). El estudiante tiene que distinguir entre Brahma (neutro) y Brahmâ (masculino), el creador del Panteón indo. El primero, Brahma o Brahman, es el impersonal, supremo e incognoscible Principio del universo, de cuya esencia todo emana y a la cual todo vuelve y que es incorpóreo, inmaterial, innato, eterno, sin principio ni fin. Es omnipresente, omnipenetrante, anima desde el dios más encumbrado hasta el más diminuto átomo mineral. [Brahma, neutro, con a final breve, o Brahman, es lo Supremo, lo Absoluto, la suprema Divinidad, el Espíritu universal y eterno, que llena, penetra, sostiene y anima todo el Universo; es principio y fin de todos los seres, pues todos emanan de Él y a Él todos vuelven al terminar el Kalpa. En algunos pasajes del Bhagavad-Gîtâ (XV, 3, etc.), la voz Brahma equivale a "naturaleza" o "materia" y en otros (XVII, 24) parece significar los Vedas. Para las demás acepciones, consúltense los diccionarios sánscritos].

Brahmâ (Sánsc). Es el declarado Creador masculino; existe sólo periódicamente en su manifestación y luego entra de nuevo en el pralaya, esto es, desaparece y es aniquilado. [Brahmâ, masculino, con a final larga(â), es el Dios o Principio creador del universo, o en otras palabras, es la personificación temporal del poder creador de Brahma. Existe periódicamente tan sólo en el periodo de manifestación del mundo, después del cual desaparece y vuelve a Brahma, del cual procedió. Brahmâ, en unión con Vichnú y Ziva, forma la Trimûrti o Trinidad inda]. ("Glosario teosófico", página 84, edición editorial ELA).

Brahmana o Brâhmana (Sánsc.). Sacerdote, brahmán o bracmán. Individuo de la casta sacerdotal, la primera de las cuatro que hay en la India. (Extraído del "Glosario teosófico", página 85, edición editorial ELA).

Budhi o Buddhi (Sánsc.). Mente o Alma universal. Mahâbuddhi es un nombre de Mahat (véase Alaya). Es también el Alma espiritual del hombre (el sexto principio), el vehículo de Âtman, exotéricamente el séptimo. [Buddhi es la facultad que está por encima de la mente razonadora y es la Razón pura, que ejerce la discernidora facultad de intuición, de discernimiento espiritual]. (A. Besant). Es el Yo espiritual, intelecto, entendimiento, conocimiento, intuición, discernimiento, razón; el poder pensante por sí mismo, independiente de las impresiones venidas del exterior, la facultad de juzgar, discernir y resolver; la potencia que transforma en conceptos claros y perfectos las impresiones procedentes de los sentidos por intermedio del Manas y Ahankâra. (Véase: Filosofia Sânkhya). Por su grande importancia, el Buddhi es calificado de "gran Principio" (Mahat tattva) o simplemente mahat (grande). Tiene dicha palabra muchas otras acepciones: mente, ánimo, pensamiento, conciencia, juicio, percepción, intención, resolución, sabiduría, enseñanza, doctrina, etc. A veces equivale a voluntad]. (Extraído del "Glosario teosófico", página 89, edición editorial ELA).

Camino Arya: Ârya (Sánsc.). Literalmente: "Santo". ["Noble", "de noble raza". Nombre de una raza (la aria) que invadió la India en el período védico. Sobrenombre de Agni, Indra y otras divinidades]. Originariamente era el título de los Richis, aquellos que han dominado el Âryasatyâni (Véase esta palabra) y entrado en el sendero Âryanimârga, que conduce al *Nirvana* o Mokcha [Liberación]. Pero en la actualidad dicho nombre ha venido a ser el epíteto de una raza y nuestros orientalistas, privando a los Brahmanes indos de sus derechos de nacimiento, han hecho Arias a todos los europeos.

Como en el Esoterismo, los cuatro senderos o grados únicamente pueden alcanzarse por medio de un gran desarrollo espiritual y "crecimiento en santidad", se les designa con el nombre de los "cuatro frutos". Los grados para llegar al estado de Arhat, llamados respectivamente: Zrotâpatti [el que ha entrado en la corriente], Sakridâgâmin [que debe volver una sola vez a la vida], Anâgâmin [que no debe retornar a la vida] y Arhat [venerable, el cuarto grado de perfección], o las cuatro clases de Âryas, corresponden a dichos cuatro senderos y verdades.

Dhyâna (Sánsc.). En el Budismo, es uno de los seis Paramîtas de perfección, un estado de abstracción que conduce al asceta que lo practica mucho más arriba de este plano de percepción sensitiva y más allá del mundo de materia. Literalmente, "contemplación". Los seis estados de Dhyân difieren sólo en los grados de abstracción de la vida sensitiva en que se halla el Ego personal. [Dhyâna es el penúltimo grado en esta Tierra, a no ser que se convierta en MAHATMA completo. El râja-yoguî permanece todavía espiritualmente consciente del Yo y de la operación de sus principios superiores. Un paso más y se encontrará en el plano más allí del séptimo, o cuarto, según ciertas escuelas. Estas últimas, después de la práctica del Pratyâhâra (proceso de educación preliminar que tiene por objeto dominar la mente y los propios pensamientos), cuentan el Dharâna, el Dhyâna y el Samâdhi, comprendiendo a los tres bajo el nombre genérico de Samyama. Dhyâna es la puerta de oro que, una vez abierta, conduce al Narjol (Santo o Adepto) al reino del eterno Sat y su contemplación incesante. (La Voz del Silencio, I y III, editorial ELA). "Dhyâna (meditación o contemplación) es la continua y prolongada corriente de pensamiento dirigida a un objeto determinado hasta llegar a absorberse o unificarse, con él". (Aforismos del Yoga de Patañjali, III, 2, editorial ELA)]. (Para más datos consultar "Glosario teosófico", página 138 y siguientes, edición editorial ELA).

Dhyânis (Sánsc.). Ángeles o espíritus angélicos. "Nombre genérico aplicado a unos Seres espirituales ordenados desde el Logos planetario hasta algunos de los Arûpa-Devas". (P. Hoult).

Ego (Lat.). "Yo"; la conciencia en el hombre de "Yo soy Yo", o sea el sentimiento de la cualidad o condición dé "Yo soy". La filosofía esotérica enseña la existencia de dos Egos en el hombre, el mortal o personal y el superior, divino e impersonal. Al primero le llama "Personalidad" y al segundo "Individualidad". (Extraído del Glosario Teosófico).

Gautama Buda. Gautama (Sánsc.). El príncipe de Kapilavastu, hijo de Zuddhodana, rey Zâkya del pequeño reino de los confines del Nepal. Nació en el siglo VII antes de J.C. y actualmente es llamado "Salvador del mundo". Gautama o Gotama era el nombre sacerdotal de la familia Zákya (Sikya) y Siddhirtha era el nombre de Buddha antes de llegar a ser un Buddha. Zikya-muni significa "el santo de la familia Zákya". De simple mortal como nació, elevóse a la condición de Buddha por su propio mérito personal y sin ayuda alguna. ¡Un hombre verdaderamente más grande que cualquier dios! [Véase: Buddha Siddhârtha, en el "Glosario Teosófico"]. [Gautama es también el nombre del sabio Zaradvat, autor de un Dharma-Zâstra y el del fundador del sistema filosófico nyâya. Véase: Filosofía nyâya, en el "Glosario Teosófico"].].

Indra (Sánsc.). Dios del firmamento, rey de los dioses siderales. Una divinidad védica. [Llamado por otro nombre Vâsara. Indra significa: jefe, señor, soberano, etc. Es el Júpiter tonante de la India y su arma es el rayo, que empuña con su diestra; gobierna el tiempo y manda la lluvia. Engendró místicamente a Arjuna. Se le representa montado en un elefante o caballo blanco. Véase: Airâvata y Uchchaizravas, en el "Glosario Teosófico"].

Jñâna o Jñânam (Sánsc.). Esta palabra la escriben también algunos en su transliteración: Gnâna, Gñâna, Gnyâna, Jhâna, Dnyan, Djnâna, Djñâna, etc. Literalmente, "conocimiento"; esotéricamente, "conocimiento supremo o divino", adquirido mediante el Yoga. Es el conocimiento aplicado a las ciencias esotéricas; conocimiento, sabiduría oculta. [La voz jñâna significa en general: conocimiento, saber, inteligencia, comprensión, percepción, conciencia, etc.; pero se ha hecho una distinción importante entre jñâna y vijñâna, designando con el primero de estos nombres el conocimiento adquirido por medio de los libros o de las enseñanzas orales del guru (maestro); mientras que con el segundo se expresa el conocimiento superior, intuitivo, la visión con los ojos del alma o percepción espiritual. Véase: Vijñâna e Intuición, en el "Glosario Teosófico"].

Kalpa (Sánsc.). Período de una revolución mundana, generalmente un ciclo de tiempo, pero de ordinario representa un "Día" y una "Noche" de Brahmâ, un período de 4.320 millones de años. [Por Kalpa se entiende generalmente un "Día" de Brahmâ o manvantara, período cronológico que representa mil Mahâyugas, o sea la duración de un universo, o en otros términos, el período de manifestación o actividad cósmica, al fin del cual viene la Noche de Brahmâ, período de disolución o reposo. Así leemos en el Bhagavad-Gîtâ, (IX, 17, editorial ELA): "Al fin de un Kalpa, todos los seres desaparecen en mi naturaleza material y de mí emanan otra vez al principiar un nuevo Kalpa". Considerado según otra referencia, cada Kalpa, o período de revolución mundana, está dividido en catorce Manvantaras, cada uno de los cuales está presidido por su correspondiente Manu. (Nota de la ed. española). Véase: Manvantara yuga, etc.,. Kalpa es también el nombre de un simbólico árbol del paraíso de Indra, árbol que produce todo cuanto uno desea. Varios otros significados tiene dicha palabra, tales como: prescripción, regla (especialmente para los ritos o actos propios del sacrificio); costumbre, manera, forma; práctica religiosa, etc.].

Kâma-Rûpa (Sánsc.). Metafísicamente y en nuestra filosofía esotérica, es la forma subjetiva creada, en virtud de los deseos y pensamientos mentales y físicos relacionados con objetos materiales, por todos los seres sencientes, forma que sobrevive a la muerte del cuerpo. Después de esta muerte, tres de los siete "principios" -o, mejor dicho, planos de los sentidos y de la conciencia en los cuales actúan por turno los instintos y la ideación del hombre, a saber: el cuerpo, su prototipo astral y la vitalidad física-, no teniendo ya ninguna nueva utilidad, permanecen en la tierra; los tres principios superiores, agrupados en uno solo, se sumen en el estado de Devachán (véase esta palabra), en cual estado el Ego superior persistirá hasta que llegue la hora de una nueva reencarnación; y el eidolon de la ex personalidad se queda solo en su nueva morada. En ella, el pálido duplicado del hombre que fué, vegeta durante cierto período de tiempo, cuya duración es variable y proporcionada al elemento de materialidad que ha quedado en él y está determinada por la pasada vida del difunto. Privado como se halla de su mente superior, espíritu y sentidos físicos, si queda abandonado a sus propios designios insensatos, se desintegrará y desvanecerá de un modo gradual. Pero si es atraído violentamente de nuevo a la esfera terrestre ya por los apasionados deseos y por las instancias de los amigos sobrevivientes, o ya por las prácticas nigrománticas ordinarias. una de las más perniciosas de las cuales es la mediumnidad, el "fantasma" puede substituir durante un período de tiempo que excede mucho al de la vida natural de su cuerpo. Una vez el Kâmarûpa ha conocido el camino para volver hacia los cuerpos humanos vivientes, se convierte en un vampiro, que se nutre de la vitalidad de aquellos que tanto ansían su compañía. En la India, estos eidolons son designados con el nombre de pizâchas y son muy temidos, como se ha explicado ya en otra parte. [El Kâmarûpa es nuestra alma animal, el vehículo o cuerpo de los deseos y pasiones, la forma astral del hombre después de la muerte del cuerpo. Pero tiene también otros significados: forma del deseo, o sea una forma que cambia a voluntad; y como adjetivo, significa: que cambia o toma una forma a (su) voluntad o antojo; que tiene una forma agradable o seductora. Así dice el Bhagavad-Gîtâ, aludiendo a la índole variable del deseo y de la pasión: "Pertinaz enemiga del sabio, vela el conocimiento... adoptando la forma del deseo (Kâmarûpa), insaciable como el fuego" (III, 39), " ...mata a ese enemigo que tiene la forma del deseo (Kâmarûpa)..." (III, 43)]. (Para más datos consultar "Glosario teosófico", página 262 y siguientes, edición editorial ELA).

Karma [o Karman] (Sánsc.). Físicamente, acción; metafísicamente, la LEY DE RETRIBUCIÓN, la Ley de causa y efecto o de Causación ética. Némesis, sólo en el sentido de mal Karma. Es el undécimo Nidâna [o causa de existencia] en el encadenamiento de causas y efectos, en el Budismo ortodoxo; más aún: es el poder que gobierna todas las cosas, la resultante de la acción moral, el samskâra metafísico, o el efecto moral de un acto sometido para el logro de algo que satisfaga un deseo personal. Hay Karma de mérito y Karma de demérito. El Karma no castiga ni recompensa; es simplemente la Ley única, universal, que dirige infaliblemente y por decirlo así, ciegamente, todas las demás leyes productoras de ciertos efectos a lo largo de los surcos de sus causacíones respectivas. Cuando el Budismo enseña que "el Karma es aquel núcleo moral (de todo ser), lo único que sobrevive a la muerte y continúa en la transmigración" o reencarnación, quiere decir simplemente que después de cada personalidad no quedan más que las causas que ésta ha producido; causas que son imperecederas, esto es, que no pueden ser eliminadas del universo hasta que sean reemplazadas por sus verdaderos efectos y destruidas por ellos, por decirlo así y tales causas -a no ser que sean compensadas con efectos adecuados, durante la vida de la persona que las produjo-, seguirán al Ego reencarnado y le alcanzarán en su reencarnación subsiguiente hasta quedar del todo restablecida la armonía entre los efectos y las causas. Ninguna "personalidad". mero conjunto de átomos materiales y de peculiaridades instintivas y mentales- puede continuar naturalmente como tal en el mundo del Espíritu puro. Sólo aquello que es inmortal en su misma naturaleza y divino en su esencia, esto es, el Ego, puede existir para siempre. Y siendo el Ego el que elige la personalidad que va a animar, después de cada Devachán y el que recibe por medió de dichas personalidades los efectos de las causas Kármicas producidas, de ahí que el Ego, el Yo que es el "núcleo moral" de que se ha hecho mención y Karma encarnado, sea "lo único que sobrevive a la muerte". [Esta ley existe desde la eternidad y en ella, porque es la Eternidad misma y como tal, puesto que ningún acto puede ser coigual con la Eternidad, no puede decirse que obra, porque es la Acción misma. No es la ola la que ahoga al hombre, sino la acción personal del desdichado que marcha deliberadamente y se coloca bajo la acción impersonal de las leyes que gobiernan el movimiento del océano. El Karma no crea ni designa nada. El hombre es quien traza y crea las causas y la ley kármica ajusta los efectos y este ajustamiento no es un acto, sino la armonía universal que tiende siempre a recobrar su posición primitiva, como una rama de árbol, que si se dobla con violencia, rebota con la fuerza correspondiente. Si se fractura el brazo que trató de doblarla, ¿diremos que fue la rama que rompió nuestro brazo, o que nuestra propia imprudencia nos ha acarreado tal desgracia? El Karma no ha tratado jamás de destruir la libertad intelectual e individual, como el dios inventado por los monoteístas. No ha envuelto sus decretos en la obscuridad de un modo intencionado para confundir al hombre, ni tampoco castiga al que osa escudriñar sus misterios; antes al contrario, aquel que a fuerza de estudio y meditación descubre sus intrincados senderos y arroja alguna luz en sus obscuros caminos, en cuyas revueltas perecen tantos hombres a causa de su ignorancia del laberinto de la vida, trabaja para el bien de sus semejantes. El Karma es una ley absoluta y eterna en el mundo de manifestación y como sólo puede haber un Absoluto, como una sola Causa eterna siempre presente, los creyentes en el Karma no pueden ser considerados como ateos o materialistas y menos aún como fatalistas, puesto que el Karma es uno con lo Incognoscible, de lo cual es un aspecto, en sus efectos en el mundo fenomenal. (La Doctrina Secreta II). Entre las varias divisiones del Karma establecidas (Karma individual y colectivo, Karma positivo y negativo; Karma masculino y femenino, etc.), tiene una importancia especial la triple división en: 1° Karma acumulado o latente (Sañchita Karma), que es el constituido por multitud de causas que vamos acumulando en el decurso de nuestra vida y que no pueden tener inmediata realización; 2° Karma activo o empezado (Prârabdha Karma), aquel cuyos efectos se manifiestan ahora en nuestra propia naturaleza, esto es, aquello que constituye lo que se llama nuestro carácter, las múltiples circunstancias que nos rodean en la vida presente y 3° el Karma nuevo, el que actualmente engendran nuestras diversas actividades (Kriyamâna Karma). Esta división, que expone J.C. Chatterji en la Filosofía esotérica de la India, es la misma que hallamos en la excelente obra de A. Besant, Sabiduría Antigua, en estos términos: "Será necesario distinguir entre el Karma maduro, pronto a manifestarse como sucesos inevitables en la vida presente; el Karma de carácter, que se manifiesta en las tendencias que son resultado de experiencias acumuladas y que son susceptibles de ser modificadas en la vida presente por el mismo Poder (el Ego) que las creo en la pasada; y por último, el Karma que ahora está produciendo y dará origen a sucesos venideros y al carácter futuro. Estas son las divisiones designadas con los nombres de Prârabdha (empezado, que debe efectuarse en la vida), Sañchita (acumulado), una parte del cual se manifiesta en las tendencias y Kriyamâna, en curso de creación o formación". (Obra citada, pág. 326). San Pablo, el iniciado, expresa de un modo pintoresco la operación del Karma diciendo: "Todo lo que el hombre sembrare, eso recogerá". (Gálat., VI, 7), sentencia análoga a la de los Purânas: "Todo hombre recoge las consecuencias de sus propias obras". La ley del Karma se halla inextricablemente ligada con la de la Reencarnación]. (Para más datos consultar "Glosario teosófico", página 266 y siguientes, edición editorial ELA).

Krichna (Krishna) (Sánsc.). El más célebre avatar de Vichnú, el "Salvador" de los indos y su dios más popular. Es el octavo avatar, hijo de Devakî y sobrino de Kansa, el rey Herodes indo, que mientras le buscaba entre los pastores y vaqueros que le tenían oculto, hizo matar millares de sus niños recién nacidos. La historia de la concepción, nacimiento e infancia de Krichna es el verdadero prototipo de la historia relatada en el Nuevo Testamento. Los misioneros, como es natural, se esfuerzan en demostrar que los indos robaron a los primeros cristianos que llegaron a la India la historia de la Natividad. [Se le representa en una hermosa figura, con el cuerpo atezado (Krichna, negro), cabello negro fuertemente ensortijado y con cuatro brazos, teniendo en las manos una maza, un disco llameante, una joya y una concha. Era hijo de Vasudeva y de la virgen Devakî y primo de Arjuna. He aquí por orden descendente la genealogía de Krichna en su forma mortal: Yadu, Vriehni, Devaratha, Andhaka, Vasu (o Zûra) y Vasudeva (hermano de Kuntî). Para escapar de la persecución de su tío Kansa, Krichna, recién nacido, fue puesto bajo el amparo de una familia de pastores que vivía al otro lado del río Yamunâ. Desde muy joven empezó a predicar y acompañado de sus discípulos, recorrió la India enseñando la moral más pura y obrando prodigios inauditos. Murió al principiar el Kaliyuga, o sea unos cinco mil años atrás, traspasado el cuerpo y clavado en un árbol por la flecha de un cazador. Al fin de la edad presente aparecerá de nuevo, para destruir la iniquidade inaugurar una era de justicia. En el Bhagavad-Gîtâ, Krichna es la representación de la Divinidad suprema, Âtman o Espíritu inmortal, que desciende para iluminar al hombre y contribuir a su salvación. Por este motivo se representa al dios desempeñando en favor de Arjuna el papel de guía o conductor de su carro en el campo de batalla; así como Arjuna es la representación del hombre, o mejor dicho, de la Mónada humana, como viene a probarlo el significado mismo de Nara (hombre), que es uno de los varios nombres de dicho príncipe. Krichna es designado con varios epítetos; Vâsudeva (o "Hijo de Vasudeva") yâdava ("Descendiente de Yadu"), Hrichîkeza ("de ensortijado cabello"), Kezava ("de abundante cabellera"), Govinda ("Vaquero" o "Pastor"), Kezinichûdana ("Matador de Kezin"), Madhusûdana ("Matador de Madhu"), etcétera. Véase: Bhagavad-Gîtâ, Inocentes, Jesús, Kansa, etc. Krichna es también el nombre que se da a la quincena obscura, la quincena en que mengua la luna, o sea la segunda mitad del mes lunar, desde el plenilunio a la luna nueva. (Véase: Zukla en el Glosario Teosófico).

Lanú o Lanu (Lanoo, según la transliteración inglesa) (Tíbet). Es el nombre que en el Tíbet se da a los chelâs o estudiantes de la doctrina esotérica. (Para más datos consultar "Glosario teosófico", página 292 y siguientes, edición editorial ELA).

Mahâ (Sánsc.). Al principio de una palabra compuesta tiene el mismo significado que mahat o mahant. Así, Mahâdeva (mahâdeva) significa "gran Dios". (Para más datos consultar "Glosario teosófico", página 316 y siguientes, edición editorial ELA).

Mahâ-mâyâ (Sánsc.). La gran ilusión o manifestación. Este universo y todo cuanto hay en él en sus mutuas relaciones, es denominado Gran Ilusión, o Mahâ-mâyâ. Este es también el título ordinario dado a la inmaculada madre de Gautama el Buddha, Mâyâdevî, o "Gran Misterio", como la denominan los místicos. [El universo objetivo. (Extraído del "Glosario teosófico", página 318 y siguientes, edición editorial ELA).

Mahayana o Mahâyâna (Sánsc.). Nombre de una escuela [de filosofía búdica]. Literalmente: "gran vehículo". Sistema místico fundado por Nâgârjuna. Sus libros fueron escritos en el siglo segundo antes de J.C. [Las escuelas mahâyanas son "contemplativas". (Véase: Hînayâna en el Glosario teosófico].

Manas. [o Manah] (Sánsc.). Literalmente: "la mente", la facultad mental que hace del hombre un ser inteligente y moral y le distingue del simple bruto; es sinónimo de Mahat. Esotéricamente, sin embargo, cuando no está especificado, significa el Ego superior, o sea el principio senciente, que se reencarna en el hombre. Cuando se le califica, es llamado por los teósofos Buddhi-Manas, o sea el Alma espiritual, en contraposición de su reflexión humana, el Kâma-Manas. [Manas, quinto principio de la constitución humana, deriva su nombre de la raíz sánscrita man, "pensar" y significa la mente propiamente dicha, el Pensador, lo que en nosotros piensa, el Ego que se reencarna repetidas veces acumulando en él las experiencias recogidas en la vida terrestre. Este principio es dual en su esencia y de ahí su división en Manas o Inteligencia inferior, terrestre, que está íntimamente ligada con el alma animal (Kâma) y Manas o Inteligencia superior, relacionada con Âtma y Buddhi y vehículo o instrumento del alma espiritual (Buddhi). El Manas superior, junto con el Buddhi y Âtmân, constituye la Tríada superior, imperecedera, mientras que el Manas inferior, unido a los principios inferiores (cuerpo físico, doble etéreo, principio vital y alma animal), forma el cuaternario inferior, esto es, la personalidad transitoria. El Manas, en el hombre, es el reflejo de la Mente universal, o sea el tercer principio constituyente del universo, contando de abajo arriba. (Râma Prasâd). El Manas de la literatura teosófica no debe confundirse con el de la filosofía sânkhya. Según esta última, Manas es el órgano interno de percepción y conocimiento, el sensorio común o sentido interno que regula y gobierna la acción de los sentidos; es el analizador de las impresiones que de ellos recibe; el principio que combina, sintetiza y elabora las sensaciones transformándolas en conceptos rudimentarios, que luego transmite al ahankâra y al buddhi. Es también la facultad que siente, desea, duda, piensa, discurre y reflexiona; la mente impulsiva que incita a funcionar los cinco órganos de acción. Así, pues, en el referido sistema, la voz Manas viene a significar: mente, pensamiento, alma, ánimo, corazón, sentimiento; inteligencia, razón, conocimiento, intención, voluntad, inclinación, deseo, disposición, etc. Con frecuencia el Manas es incluido entre los indriyas (véase: Indriyas en el Glosario teosófico). Véase, además: Cuaternario, Ego inferior, Ego superior y Tríada superior, en el Glosario teosófico.

Manvantara [o Manwantara] (Sánsc.). Un período de manifestación [del universo], opuesto al pralaya (reposo o disolución); término aplicado a varios ciclos, especialmente a un Día de Brahmâ, que comprende 4.320.000.000 de años solares y al reinado de un Manu, equivalente a 306.720.000. (Véase: Doctr. Secr., II). Literalmente, significa: "Período entre dos Manus" (Manu-antara). [La expiración del Principio creador; el período de actividad cósmica entre dos pralayas. Cada manvantara se divide en siete períodos o Rondas y así cada globo tiene siete períodos de actividad durante un manvantara. (A. Besant. Sabiduría Antigua). El Manvantara, o período entre dos Manus, es una Ronda o ciclo de existencia correspondiente a un Manu y durante el cual existe una humanidad de cierto tipo. Catorce Manvantaras forman un Kalpa o Día de Brahmâ. No obstante, los Manvantaras, así como los Kalpas, según se expresa en el lenguaje de los Purânas, han de entenderse en sus diversas referencias, puesto que dichas edades se refieren tanto a los grandes períodos como a los pequeños, a los Mahâ-kalpas y a los ciclos menores. (Doctr. Secr., I, 396). Estas diversas maneras de apreciación se notan sobre todo cuando se comparan los datos de la ciencia ortodoxa con los de la ciencia esotérica. (Id., II, 752). Así es que la duración del Manvantara, considerado como una decimocuarta parte de un Kalpa o Día de Brahmâ, sería de 308.448.000 años (o de 306.720.000, como se lee en otras partes); mientras que considerado como un ciclo de 71 Mahâ-yugas (o Chaturyugas), se trataría de un período de 36.720.000 años. En la actualidad nos hallamos en el séptimo Manvantara, llamado Vaivasvata, nombre del séptimo Manu].

Mâra (Sánsc.). El Dios de la Tentación, el Seductor que trataba de apartar a Buddha de su SENDERO. Es denominado "Destructor" y "Muerte" (del Alma). Es uno de los nombres de Kâma, dios del amor. [El gran Engañador, el Tentador o Destructor. En las religiones exotéricas, Mâra es un demonio, un asura; pero, en la filosofía esotérica, es la Tentación personificada por los vicios humanos y traducida esta palabra literalmente, significa "lo que mata" el Alma. Es representado como un Rey (Rey de los Mâras), con una corona en la cual brilla una joya con un resplandor tal que ciega a cuantos la miran, figurando este brillo la fascinación producida por el vicio sobre ciertas naturalezas. Es el Diablo de los budistas. (Para más datos consultar "Glosario teosófico", página 332 y siguientes, edición editorial ELA).

Mâyâ (Sánsc.). Ilusión. El poder cósmico que hace posibles la existencia fenomenal y las percepciones de la misma. Según la filosofía inda, sólo aquello que es inmutable y eterno merece el nombre de realidad; todo aquello que está sujeto a cambio por decaimiento y diferenciación y que, por lo tanto tiene principio y fin, es considerado como mâya: ilusión. [Mâyâ: Arte, poder o virtud mágica extraordinaria o prodigiosa; prestigio, magia, ilusión, ficción; poder de ilusión que origina la aparición ilusoria de las cosas mundanas. La ilusión personificada como un ser de origen celeste; la personificación de la irrealidad de las cosas mundanas; el universo objetivo o la naturaleza considerada como una ilusión. El poder ilusionante, la mágica potencia del pensamiento, capaz de crear formas pasajeras o ilusorias y por el que tiene existencia el mundo fenomenal. La potencia creadora mediante la cual el universo llega a la manifestación. Según la filosofía Vedânta, todo el universo visible no es más que una grande ilusión (mahâ-mâyâ), puesto que tiene principio y fin y está sujeto a incesantes cambios; así como la única realidad es el Espíritu, por ser eterno e inmutable. Véase: María en el Glosario Teosófico].

Nâgârjuna o Nâgarjuna (Sánsc.). Un Arhat, un eremita (natural de la India occidental) convertido al budismo por Kapimala y décimocuarto patriarca, actualmente considerado como un Budhisattva-Nirmânakâya. Hízose célebre por su sutileza dialéctica en argumentos metafísicos y fue el primer maestro de doctrina Amitâbha y un representante de la escuela Mahâyâna. Considerado como el más grande filósofo de los budistas, se ha dicho de él que fue "uno de los cuatro soles que iluminan el mundo". Nació en el año 223 antes de J.C. Después de su conversión, se dirigió a la China, en donde, a su vez, convirtió al budismo todo el país.

Naljor: un santo o Adepto que está en Unión con.

OM o AUM (Sánsc.). Una sílaba mística, la más sagrada de todas las palabras de la India. Es "una invocación, una bendición, una afirmación y una promesa"; tan sagrada, que era verdaderamente la palabra en voz baja de la Masonería oculta primitiva. Nadie debe estar cerca cuando se pronuncia para algún fin dicha sílaba. Esta palabra se coloca usualmente al principio de las sagradas Escrituras y se antepone a las preces. Está compuesta de tres letras, A, U, M, que, según la creencia popular, son representación de los tres Vedas y también de los tres dioses A (Agni), V (Varuna) y M (Maruts), o sean: Fuego, Agua y Aire. En filosofía esotérica, éstos son los tres fuegos sagrados, o el "triple fuego" en el Universo y en el Hombre, además de muchas otras cosas. En lenguaje oculto, este "triple fuego" representa igualmente la suprema Tetraktis y está simbolizado por el Agni [Fuego] denominado Abhimânin [véase esta palabra] y su transformación en sus tres hijos, Pâvaka, Pavamâna y Zuchi, "que bebe el agua hasta la última gota", esto es, aniquila los deseos materiales. Este monosílabo es llamado Udgîtha y es muy sagrado tanto entre los brahmanes como entre los budistas. [El Pranava, OM, es, como se ha dicho antes, una sílaba compuesta de las letras A, U y M , de las cuales las dos primeras se combinan para formar la vocal compuesta O. Es la sílaba mística, emblema de la Divinidad suprema, o sea la Trinidad en la Unidad, puesto que representa al Ser supremo (Brahma) en su triple condición de Creador (Brahmâ, A), Conservador (Vichnú, U) y Destructor, o mejor dicho, Renovador (Ziva, M). Hay que advertir que la secta de los vichnuítas altera el orden de estas tres divinidades, poniendo en primer lugar a Vichnú (A) y siguiendo Ziva (U) y Brahmâ (M). OM es el Misterio de los misterios, fuente de todo poder y verdadera esencia de toda enseñanza. Es también la esencia de los Vedas; es la expresión laudatoria o glorificadora con que se encabezan todos los libros sagrados y místicos. Dicha palabra la pronuncian los yoguîs y los místicos en general durante la meditación. De los términos denominados, según los comentados exotéricos, vyâkritis o Aum, Bhú Bhuvas, Swar (OM, Tierra, Atmósfera, Cielo), el Pranava, es quizás la más sagrada. (Doctrina Secreta, II, pág. 168, ed. ELA). La palabra OM o AUM, que corresponde al Triángulo superior, si es pronunciada por un hombre muy puro y santo, llamará o despertara no sólo las potencias menos elevadas que residen en los elementos y espacios planetarios, sino también su Yo superior, o sea el "Padre" que está en su interior. Pronunciada del modo debido por un hombre medianamente bueno, contribuirá a fortalecer su moralidad, sobre todo si entre dos "AUMS" medita profundamente sobre el AUM que reside dentro de él, concentrando toda su atención en su gloria inefable. Pero ¡ay de aquel que la pronuncia después de cometer una falta grave y trascendental! Por este solo hecho atraerá sobre su propia fotosfera impura fuerzas y presencias invisibles, que de otra suerte no podrían atravesar la divina envoltura. "La representación del Señor supremo es la palabra glorificadora [OM]. La continua repetición de este nombre en voz baja debe practicarse meditando profundamente sobre su significado. De esto surge el conocimiento de lo interno [del Yo] y la desaparición de los obstáculos [o distracciones que impiden llegar al Samâdhi]". (Aforismos de Patañjali, I, 27-29, ed. ELA). Véase: AUM y Pranava, así como el notable artículo de N. C. Paul titulado: OM y su significado práctico, en Five Year of Theosophy, págs. 345 y siguientes. (Para más datos consultar "Glosario teosófico", página 402 y siguientes, edición editorial ELA).

Paramârtha (Sánsc.). Existencia absoluta. [La suprema realidad o verdad; la verdad entera; el objeto supremo. El Conocimiento puro; la reflexión evidente por sí misma, o que se analiza a sí misma.

Conciencia y existencia absolutas, que son Inconsciencia y No-Ser absolutos. (Doctrina Secreta I, págs. 86, 99 y siguientes, ed. ELA). Autoconciencia o conciencia verdadera. Existe alguna diferencia en la interpretación del significado de Paramârtha entre los yogâchâryas y los madhyamikas, ninguno de los cuales, sin embargo, explica el verdadero sentido esotérico de dicha expresión. (Doctrina Secreta, I, pág. 105, nota, ed. ELA)]. (La única Realidad eterna y viviente; la única Esencia radical siempre existente, inmutable e incognoscible para nuestros sentidos físicos, pero manifiesta y claramente perceptible para nuestra naturaleza espiritual. De esta Esencia omnipresente, universal y eterna hemos emanado nosotros y a Ella hemos de volver algún día. (Doctrina Secreta III, 512). (Nota de la ed. española).

Prajñâ (Pragna, Pragnya o Prajna) (Sánsc.). Sinónimo de Mahat, la Mente universal. Conciencia. La capacidad para la percepción [que existe en siete diversos aspectos, correspondientes a las siete condiciones de la materia. (Doctrina Secreta, I, pág. 184, ed. ELA). Significa además: inteligencia, conocimiento, entendimiento, discernimiento; razón, juicio; sabiduría, conocimiento supremo o espiritual. "Prajñâ, el séptimo escalón de la sabiduría, cuya llave de oro hace del hombre un dios, convirtiéndole en Bodhisattva, hijo de los Dhyânis". Prajñâ es también un sobrenombre de Sarasvatî].

Purâna (Sánsc.). Antiguo, arcaico; original, primitivo; primero; eterno con respecto a lo pasado; sin principio. Véase: Zâzvata en el Glosario teosófico.

Purânas (Sánsc.). Literalmente: "antiguos". Colección de escritos simbólicos y alegóricos, en número de diez y ocho, que se supone fueron escritos por Vyâsa, autor del Mahâbhârata. [Los Purânas son leyendas o narraciones de tiempos antiguos. Describen los poderes y hechos de los dioses y parecen haber sido compuestos para uso de la parte menos instruida del país, que no sabía leer los Vedas. Un Purâna. dice Amara Sinha- tiene cinco puntos capitales o caracteres distintivos (pañchalakchanas): 1° La creación del universo; 2°, su destrucción y renovación; 3°, la genealogía de los dioses y patriarcas, 4°, los reinados de los Manus, que forman los períodos llamados Manvantaras y 5° la historia de las razas solares y lunares de reyes. El Vichnu-Purâna es el que mejor concuerda con tal disposición; pero los restantes distan mucho de responder exactamente a ella. Hay diez y ocho Purânas, pero a éstos deben añadirse otros diez y ocho Upa-Purânas (Purânas menores o secundarios). Los primeros están clasificados en tres categorías, según el predominio que en ellos tienen los tres gunas. Aquellos en los que domina la cualidad sattva son: el Vichnu, el Nâradîya, el Bhâgavata, el Garuda, el Padma y el Varâha. Este primer grupo lo componen los Purânas titulados Vaichnavas (de Vichnú), porque en ellos tiene este dios la preeminencia. Los Purânas en que prevalece la cualidad tamas son: el Matsya, el Kûrma, el Linga, el Ziva, el Skanda y el Agni, todos ellos dedicados al dios Ziva; y por último, aquellos en los cuales predomina la cualidad rajas son: el Brahma, el Brahmânda, el Brahma-vaivarta, el Mârkandeya, el Bhavichya y el Vâmana, que se refieren principalmente al dios Brahmâ. En cuanto a los Purânas menores, he aquí sus títulos: 1° Sanat-Kumâra; 2° Narasinha o Nri-Sinha; 3° Nâradîya o Vrihan Nâradîya; 4° Ziva; 5° Durvâsasa; 6° Kâpila; 7° Mânava; 8° Auzanasa; 9° Vâruna; 10° Kâlikâ; 119 Zúmba; 129 Nandi; 13° Saura; 14° Pârâzara; 15° Âditya; 16° Mâhezvara; 17° Bhâgavata y 18° Vâsichtha].

Râja o râjan (Sánsc.). Un príncipe o rey de la India. Regio, perteneciente a los reyes. Algo superior,

Rondas (Círculos, Anillos o Revoluciones). Como se ha dicho en el artículo Cadena Planetaria (Glosario teosófico), ésta se halla constituida por siete globos o mundos dispuestos en forma de dos arcos unidos por su extremo inferior, uno descendente (que comprende los globos designados por las letras A, B y C) y otro ascendente (que comprende los globos E, F y G), figurando el globo D (el cuarto) en el punto de unión de ambos arcos. Los siete globos de la Cadena constituyen en conjunto un agregado o cuerpo planetario que se desintegra y se forma de nuevo siete veces en el curso de la vida planetaria. Esta Cadena tiene, pues, siete encarnaciones, por decirlo así y los resultados de cada una se transmiten a la siguiente. Estas siete encarnaciones (o manvantaras) constituyen la evolución planetaria, el reinado de un Logos planetario y cada una de ellas se subdivide en siete períodos. Una oleada de vida, procedente del referido Logos, da una vuelta completa por la Cadena y siete de estas grandes oleadas de vida, denominadas "Rondas", completan un manvantara. En cada una de estas Rondas o vueltas en torno de la serie de mundos que forman la Cadena planetaria, van desenvolviéndose las Mónadas o Individualidades humanas y este desenvolvimiento se verifica por medio de oleadas sucesivas que corresponden a, los diversos globos de la Cadena, siendo de advertir que así como el esquema completo de la Naturaleza a que pertenecemos se desenvuelve por medio de dicha serie de Rondas alrededor de todos los mundos, así también el desenvolvimiento de la humanidad en cada uno de los mundos se verifica a través de una serie de Razas desarrolladas por turno dentro de los límites de cada mundo. Además, cada Ronda está especialmente destinada a la preponderancia de uno de los siete "principios" humanos, en el orden regular de su gradación ascendente. (A. P. Sinnet: Buddhismo Esotérico, ed. ELA). El Aliento del Logos planetario despierta la vida sucesivamente en cada uno de los siete globos o mundos empezando por el globo A, en el cual hace surgir a la existencia, una tras otra, las innumeras formas que en su totalidad constituyen un mundo. Una vez llevada la evolución hasta cierto punto en el globo A, la oleada de vida pasa al globo B y entonces el globo A se sume lentamente en apacible sueño y de esta suerte va pasando la oleada de un globo a otro hasta haber recorrido todo el círculo en el globo G y terminado su evolución. Sobreviene entonces un período de reposo (pralaya), durante el cual cesa toda actividad evolutiva exterior. Al fin de este período de reposo, empieza de nuevo la evolución exterior, principiando la segunda Ronda por el globo A, como antes, pero en un grado más elevado de desarrollo evolutivo. Este proceso se repite seis veces, pero en la séptima Ronda, o sea la última del manvantara, ocurre un cambio, pues el globo A, habiendo completado ya su séptimo período de vida, se desintegra de un modo gradual, sobreviene el estado de centro laya imperecedero y al despuntar la aurora del siguiente manvantara se desenvuelve de dicho globo un nuevo globo A, como un cuerpo reciente, en el cual pasan a residir los "principios" del anterior planeta A. Así, durante un manvantara, cada globo tiene siete períodos de actividad, viniendo a ser cada uno de ellos a su vez el campo en donde evoluciona la vida. Si consideramos ahora un globo aislado, veremos que durante cada período de actividad evolucionan en él siete Razas-madres de una humanidad, al mismo tiempo que seis otros reinos no humanos (los tres elementales, el mineral, el vegetal y el animal), en mutua dependencia unos de otros. Estos reinos contienen formas en todos los grados de la evolución y ante ellos se extiende la perspectiva de un desenvolvimiento superior; así es que cuando el período de actividad del primer globo llega a su fin, las formas evolutivas pasan al globo siguiente para continuar allí su desarrollo y van siguiendo su carrera progresiva de un globo a otro hasta que termina aquella Ronda y de nuevo prosiguen su curso, Ronda tras Ronda hasta el fin de las siete Rondas o sea del manvantara y una vez más continúan ascendiendo de manvantara en manvantara hasta el término de las encarnaciones de su Cadena planetaria, en que el Logos planetario recoge los resultados de la evolución en la serie de planetas. (A. Besant: Sabid. Ant., cap. XII). En cada Ronda hay catorce Manus y cada uno de ellos, como patrón antropomorfizado de su Ronda o ciclo especial, es la idea personificada del Pensamiento divino y por consiguiente es el dios especial, el creador y formador de todo cuanto aparece durante su respectivo ciclo de existencia o manvantara. (Doctrina Secreta I, págs. 71, 105 nota 8, 201 y siguientes, ed. ELA y Doctrina secreta III, págs. 326, 340 nota 55, 403 nota 145, de la ed. de ELA). Actualmente nos hallamos en el cuarto planeta (D) y en la quinta Raza de la cuarta Ronda del presente manvantara, exactamente en el punto medio del esquema mayor de nuestra evolución. Véase, para más detalles, la Doctrina Secreta, la Genealogía del Hombre, etc. (Véanse además los artículos: Anillos y Rondas, Cadena Planetaria, Ruedas, etc.)

Samâdhi (Sánsc.). Es un estado de arrobamiento extático completo. Dicha palabra deriva de las voces sam-âdha, "posesión de sí mismo". Quien posee un poder tal es capaz de ejercer un absoluto dominio sobre todas sus facultades, así físicas como mentales. Es el supremo grado del Yoga. [El Samâdhi (contemplación extática o supraconciencia) es aquel estado en que la concentración mental llega a un punto tan extremo que la mente así fija se unifica con el objeto en que se halla concentrada (o sea el Espíritu), cesando o suspendiéndose todas sus transformaciones y el asceta pierde la conciencia de toda individualidad, incluso la suya propia y se convierte en el TODO. El Samâdhi es un estado en que la conciencia se halla tan disociada del cuerpo que éste permanece insensible. Es un estado de enajenamiento o de éxtasis, en que la mente es por completo consciente de sí misma y del cual vuelve ésta al cuerpo con los conocimientos o experiencias que ha adquirido en aquel estado superfísico, recordándolos una vez que se ha sumido de nuevo en el cerebro físico. (A Besant, Introducción al Yoga). El Samâdhi es de dos clases: Savikalpa (sabîja o samprajñâta-Samâdi) y nirvikalpa (nirbîja o asamprajñâta-Samâdhi). El primero, generalmente hablando, es aquel en que la mente se halla en reposo temporalmente, sin estar por completo absorbida en el Espíritu y el segundo, el más elevado, es aquel en que, gracias a un supremo desprendimiento total, se halla enteramente absorbida en el Espíritu y le ve en todas partes. Estando entonces la mente aniquilada, por decirlo así, sólo el Espíritu brilla en toda su gloria natural y el yoguî adquiere la omnisciencia intuitiva. El Samâdhi es el fin y el objeto del Yoga y aun se ha dicho: "Yoga es Samâdhi". Véase: Savikalpa, Nirvikalpa, Sabîja, Nirbîja, Samprajñâta y Asamprajñâta-Samâdhi yoga, etc.]. (Para más datos consultar "Glosario teosófico", página 537 y siguientes, edición editorial ELA).

Sowan (Pali.). El primero de los "cuatro senderos" que conducen al *Nirvana* en la práctica del Yoga.

Tao: El Tao o la filosofía taoísta, nos revela el funcionamiento de una serie de leyes universales que rigen toda vida manifestada en el universo y en la tierra, que afectan al ser humano y a todo lo que le acompaña. El conocimiento humano puede tener conciencia tan solo de una pequeña parte de la manifestación de estas leyes universales y es precisamente a través de la herramienta de la filosofía taoísta, por la que se obtiene una visión muy cercana a cómo funcionan estas leyes universales. El Tao Te King, (El libro del camino y de la vida) es el primer documento escrito, de la que posteriormente ha sido denominada: "Filosofía Taoísta". De gran utilidad para aquellas personas que tengan que dirigir un país, una empresa o una familia y lo quieran hacer con sabiduría y eficacia. Un tratado sobre el arte de dirigir y saber vivir. Basándose en varios preceptos, mantiene el No-hacer, la no intervención en las cosas, como la forma más eficaz para lograr el éxito. Este no hacer es distinto a la pasividad, se trata de una intervención en las cosas de una manera no personal, teniendo en cuenta siempre los principios del bien común. Se propone confiar en la inteligencia del universo y no la en la aparente inteligencia del hombre, para tener una intervención acertada en las distintas facetas de la vida. Defiende los valores de: la suavidad, la flexibilidad, la adaptabilidad y la perduración; frente a la dureza, la fortaleza, lo inflexible y lo que muere. Existe una buena edición del "Tao Te King" en esta editorial, traducida y comentada por el orientalista Norberto Tucci, en la que se desvelan claramente los contenidos de los 81 versos que componen esta obra y a través de sus comentarios, se completan cualquiera de las lagunas que pudiesen quedar.

Tattva jñânî (Sánsc.). Conocedor o discernidor de los Tattvas, o sea de los principios de la naturaleza y del hombre. (Para más datos consultar "Glosario teosófico", página 609 y siguientes, edición editorial ELA).

Tsi. El pórtico de la asamblea.

Udumbara (Sánsc.). Un loto de tamaño gigantesco, consagrado a Buddha: el Nila Udumbara o "loto azul", considerado como un presagio sobrenatural cuando quiera que florezca, porque florece una sola vez cada tres mil años. Uno de estos vegetales, según se nos dice, floreció antes del nacimiento de Buddha y otro, cerca de un lago al pie de los Himalayas, en el siglo decimocuarto, inmediatamente antes del nacimiento de Tsong-ka-pa, etc.

Upâdhi (Sánsc.). Base, vehiculo o portador de alguna coma menos material que él mismo: como el cuerpo humano es el upâdhi de su espíritu, el éter es el upâdhi de la luz, etc., etc.; un molde; una substancia que define o limita. [Apoyo, sostén; atributo o cualidad distinta de los objetos; ilusión; toda forma o modo exterior de las cosas capaz de disimular su verdadera esencia; envoltura; substitución, causa]. (Para más datos consultar "Glosario teosófico", página 645 y siguientes, edición editorial ELA).

Upâdhyâya (Sánsc.). Maestro espiritual; preceptor que enseña a leer el Veda.

Upanishad o Upanichad (Upanishad) (Sánsc.). Traducido en el sentido de "doctrina esotérica", o interpretación de los Vedas por los métodos de la Vedânta. La tercera división de los Vedas añadida a los Brahmanas y considerada como una porción del Zruti o palabra "revelada". Los Upanichads, sin embargo, son como documentos, mucho más antiguos que los Brahmanas, a excepción de dos, existentes todavía, unidos al Rig-veda de los Aitareyas. La palabra Upanichad es explicada por los panditas indos como "aquello que destruye la ignorancia produciendo así la liberación" del espíritu, por medio del conocimiento de la verdad suprema, aunque oculta; lo mismo, por consiguiente, que indicaba Jesús cuando decía: "Y vosotros conoceréis la verdad y la verdad os hará libres." (Juan, VIII, 32). De estos tratados de los Upanichads (que a su vez son el eco de la primitiva Religión de la Sabiduría) ha sido desarrollado el sistema Vedânta de la filosofía. (Véase: Vedânta). No obstante, por muy antiguos que sean los Upanichads, los orientalistas no quieren asignar al más antiguo de ellos más que una antigüedad de 600 años antes de J.C. El número admitido de estos tratados es de 150, aunque en la actualidad sólo unos 20 están libres de toda adulteración. Tratan de todas las cuestiones abstrusas, metafísicas, tales como el origen del Universo, la naturaleza y la esencia de la Deidad inmanifestada y de los dioses manifestados; la conexión primitiva y final entre el Espíritu y la Materia; la universalidad de la mente y la naturaleza del Ego y del Alma humana. Los Upanichads deben de ser mucho más antiguos que los tiempos del Buddhismo, por cuanto no muestran preferencia alguna ni sostienen la superioridad de los brahmanes como una casta; por el contrario, la (actualmente) segunda casta, la Kchatriya, o casta guerrera, es la más ensalzada en los más antiguos Upanichads. Según expresa el profesor Cowell en la Historia de la India de Elphinstone: estas obras "respiran una libertad de espíritu desconocida para cualquiera otra obra anterior, excepto el Rig-Veda... Los grandes instructores del conocimiento superior y los brahmanes están siempre representados como yendo a los Reyes Kchatriyas para hacerse discípulos suyos". Los "Reyes Kchatriyas" eran en tiempos antiguos, como los Reyes Hierofantes de Egipto, los receptáculos del supremo conocimiento y saber divino, los Elegidos y las encarnaciones de los tres principales Instructores divinos: los Dhyâni-Buddhas o Kumâras. Hubo un tiempo, evos antes que los brahmanes llegaran ser una casta y aún antes de que se escribieran los Upanichads, en que no había en la tierra más que un solo "labio, una sola religión y una sola ciencia", a saber: el lenguaje de los dioses, la Religión de la Sabiduría y la Verdad. Esto era antes de que los hermosos campos de esta última, invadidos por naciones de muchos lenguajes, llegaran a cubrirse con la cizaña de impostura intencionada y diversos credos nacionales, inventados por la ambición, la crueldad y el egoísmo, rompieran en mil pedazos la única y sagrada Verdad.

Vedas (Sánsc.). La "revelación", las Escrituras de los indos; voz derivada de la raíz vid "conocer" o "conocimiento divino". Son las más antiguas, así como las más sagradas obras sánscritas. Los Vedas (acerca de cuya fecha y antigüedad no hay dos orientalistas que estén de acuerdo), en concepto de los mismos indos, cuyos brahmanes y panditas deben saber más que nadie lo referente a sus propios libros religiosos, fueron primeramente enseñados oralmente por espacio de millares de años y después compilados en las orillas del lago Mânasa-Sarovara (fonéticamente, Mânsarovara), más allá de los Himalayas, en el Tíbet. ¿Cuándo ocurrió esto? En tanto que sus instructores religiosos, tales como Swami Dayanand Saraswati, reclaman para ellos una antigüedad de muchas décadas de siglos, nuestros orientalistas modernos no les conceden una fecha mayor, en su forma presente, que de unos mil a dos mil años antes de J. C. Compilados en su forma definitiva por Veda Vyâsa sin embargo, los mismos brahmanes les asignan unánimemente una fecha de 3.100 años antes de la era cristiana, época en que floreció Vyâsa. Por lo tanto, los Vedas deben de ser tan antiguos como esta fecha. Pero su antigüedad está suficientemente probada por el hecho de que fueron escritos en una forma tan antigua de sánscrito, tan distinta del sánscrito actualmente en uso, que no existe otra obra como ellos en la literatura de esta hermana mayor de todas las lenguas conocidas, como la denomina el profesor Max Müller. Únicamente los más instruidos de los panditas brahmanes pueden leer los Vedas en su forma original. Se ha sostenido que Colebrooke encontró la fecha del 1.400 antes de J. C. corroborada de un modo absoluto por un pasaje por él descubierto y que está basado en datos astronómicos. Pero si, como está demostrado unánimemente por todos los orientalistas y también por los panditas indos que (a) los Vedas no son una obra individual, ni tampoco lo es uno cualquiera de los distintos Vedas; sino que cada Veda y casi cada himno y división del mismo es producción de varios autores; y que (b) estos libros han sido escritos (como zruti, "revelación" o no) en diversos períodos de la evolución etnológica de la raza indo-aria, entonces ¿qué prueba el descubrimiento de Mr. Colebrooke? Sencillamente, que los Vedas fueron finalmente ordenados y compilados catorce siglos antes de nuestra era; pero esto no se opone en modo alguno a su antigüedad. Antes al contrario: puesto que, como un contrapeso al pasaje aducido por Mr. Colebrooke, hay un luminoso artículo basado en datos puramente astronómicos escrito por Krichna Zâstri Godbole (de Bombay), que prueba de un modo tan absoluto y con igual evidencia que los Vedas deben de haber sido enseñados al menos 25.000 años atrás. (Véase: Theosophist, volum. II, págs. 238 y siguientes, agosto de 1881). Esta afirmación, sí no apoyada, por lo menos no es refutada por lo que dice el profesor Cowel en el apéndice VII de la Historia de la India de Elphinstone: "Hay una diferencia en edad entre los varios himnos, que están ahora unidos en su presente forma como el Sanhitâ del Rig-Veda; pero no tenemos dato alguno para determinar su relativa antigüedad y la crítica puramente subjetiva, aparte de los datos sólidos, ha fracasado tantas veces en otros casos, que muy poco podemos confiar en alguna de sus inferencias en un campo de investigación tan recientemente abierto como el de la literatura sánscrita. [Ni una cuarta parte de la literatura védica se ha publicado todavía y muy poco de ella se ha traducido al inglés (1866). Las controversias aun poco fundadas acerca de los poemas de Homero pueden bien servirnos de aviso para no confiar demasiado en nuestros juicios referentes a los más primitivos himnos del Rig-Veda... Cuando examinamos estos himnos... son profundamente interesantes para la historia de la mente humana, puesto que pertenecen a una fase mucho más antigua que los poemas de Homero y de Hesíodo". Los escritos védicos están todos clasificados en dos grandes divisiones exotérica y esotérica, siendo llamada la primera Karma-Kânda, "división de acciones y obras" y la Jñâna-Kânda, "división del conocimiento (divino)", los Upanichads (véase esta palabra), estando comprendidos en esta última clasificación. Ambas secciones son consideradas como Zruti o revelación. A cada himno del Rig-Veda va antepuesto el nombre del Vidente o Richi a quien fue revelado. De esta suerte resulta evidente, basándose en la autoridad de estos mismos nombres (tales como Vazichtha, Vizvâmitra, Nârada, etc.), todos los cuales pertenecen a hombres nacidos en diversos manvantaras y aun edades, que deben de haber transcurrido siglos y tal vez milenios entre las fechas de su composición. Manu, lo mismo que otros legisladores indos, no hablan más que de tres Vedas, los tres que existían solamente en la época en que se compuso el Bhagavad-Gitâ: el Rig-, el Yajur- y el Sâma-Veda; el cuarto, titulado AtharvaVeda, es de origen relativamente moderno. Véase: Traîvidyâ en el Glosario teosófico].

Yo inferior: o personalidad

Yo superior: Atma-Buddhi-Manas, el Rayo de la Mónada, recibe también muchos otros nombres; tales como el Ser humano Celestial, la Tríada Espiritual o Superior, el Yo Superior, el Yo separado, etc. A veces también se le aplica el término Jivatma, aunque Jivatma, que puede traducirse literalmente como Yo-Vida, es, por supuesto, igualmente aplicable a la Mónada. (Extraído de la obra de A. Powell: "El cuerpo causal" (editorial ELA).

Otros títulos de Teosofía y Budismo publicados en *Editorial ELA*

A. Besant. Karma, la ley del karma.
Reencarnación.
Bhagavad Guita (colección bolsillo).
Como se vive después de la muerte.
Formas de pensamiento (ilustrado a color).

A. Besant y F. Hartman. Bagavad Gita explicado.

Alfonso, Dr. Eduardo. Atlántida.
Orígenes de los pueblos de América y Europa.
Recetas sabrosas de cocina vegetariana equilibrada.
La iniciación.

A. P. Sinnet. Buddhismo Esotérico
.

Arthur Avalon. El poder serpentino y los chakras.

Arthur Powell. La atracción de la masonería.
El doble etérico.
El cuerpo astral.
El cuerpo mental.
El cuerpo causal.
El sistema solar.

Arthur Powell. La atracción de la masonería.

Buda. Dhammapada.

Paul Carus. Nirvana, historias budistas.

C. W. Leadbeater. Buda, vida y enseñanzas.
Chakras.
Credo cristiano.
Escuelas secretas de la masonería.
Hadas, Gnomos y sílfides.
El hombre visible en invisible (ilustrado a color).
El otro lado de la muerte.
Protectores invisibles.
Relatos extraordinarios.
Sueños.

Edouard Schuré. Grandes iniciados
.

H. P. Blavatsky. La doctrina secreta (6 tomos).
Isis sin velo (4 tomos).
La clave de la Teosofía.
Orígenes del ritual en la Iglesia y en la masonería. La voz del silencio.
Por las rutas y selvas del Indostán.
Glosario teosófico

Henry S. Olcott. Catecismo budista.

M. Collins. Luz en el sendero.

Mario Roso de Luna. La esfinge.
El simbolismo de las religiones.
H. P. Blavatsky (biografía).

Narada Thera. El budismo en una cáscara de nuez. Breve síntesis del budismo.

M. Collins. Luz en el sendero.

Nyanaponika Thera. El camino de la atención. La base del Mindfulness..

Este es un libro de editorial *ELA*

 Editorial Ela

 Editorial ELA

 @ela.editorial

 @ela.editorial

www.libreriaargentina.com

La Librería Argentina se funda en Madrid en el año 1964, siendo la primera librería especializada en libros para el bienestar y el crecimiento personal que surge en España. Debe su nombre a que en aquellos tiempos la mayor parte de los libros de estos temas, son editados en Argentina y de allí se importaban.

Años después se crea el sello E.L.A. para seguir poniendo a disposición del público las últimas tendencia

REALIZADO E IMPRESO EN ESPAÑA

PRODUCIDO CON PAPEL DE LA C. E.

El papel utilizado para la impresión de nuestros libros, ha sido fabricado a partir de madera procedente de bosques y plantaciones gestionadas con los más altos estándares ambientales, garantizando la explotación sostenible de los recursos y la armonía con el medio ambiente, siendo esta gestión beneficiosa para el planeta y para los seres humanos y contribuyendo al cuidado de los bosques y a la reforestación mundial. Por cada árbol cortado para hacer papel, se han plantado cuatro árboles.